Christine Koenigstein

Baum-Qi-Gong

Christine Koenigstein

Baum-Qi-Gong

Nutzen Sie die unsichtbaren Kräfte der Bäume

Bauer

Verlag Hermann Bauer
Freiburg im Breisgau

Die Deutsche Bibliothek – CIP-Einheitsaufnahme

Ein Titeldatensatz für diese Publikation ist bei
Der Deutschen Bibliothek erhältlich

Mit 19 Orientierungstafeln © Verlag Hermann Bauer/R. Höllrigl; 13 Feder-
zeichnungen von Georg Koenigstein; 12 Zeichnungen (Früchte und
Zweige) von Markus Nies-Lamott; 3 Kalligraphien von Meister Chen Shi
Hong; 24 Fotos und 10 Abb. von Christine Koenigstein

Lektorat: Martina Klose

1. Auflage 2000
ISBN 3-7626-0791-5
© 2000 by Verlag Hermann Bauer GmbH & Co. KG, Freiburg i. Br.
Einband: Ito Joyoatmojo, Zürich, unter Verwendung eines Linolschnittes
von Georg Koenigstein
Satz und Layout: Nies-Design, Freiburg i. Br.
Druck und Bindung: Wiener Verlag GmbH, Himberg
Printed in Austria

INHALT

TEIL II

EINLEITUNG

Gespräch unter dem Apfelbaum

Nach einem langen Fußmarsch haben wir nun einen Platz zum Rasten gefunden. Hier grenzt der Obstgarten an den Weg, und der Bauer hat sogar eine Bank unter einen Apfelbaum gestellt. Es ist ein schöner Platz zum Verweilen. Die Äste des Baums sind schwer von kleinen grün-roten Äpfeln und hängen weit zu Boden. Im Schatten des Baums ist es angenehm kühl. Ich setze mich auf den Boden und lehne meinen Rücken an den Stamm. Wir haben schon eine Weile darüber gesprochen, warum wir Menschen im Westen in anderen Kulturen nach Denkmodellen suchen, um unser Dasein verstehen zu lernen. Ist es der Reiz einer fremden, geheimnisvollen Kultur, die soviel anziehender auf uns wirkt und mehr Erklärungen zu bieten scheint als unsere eigene? Oder ist es vielleicht nur eine Modeerscheinung, daß sich immer mehr Menschen für die östliche Kultur interessieren, oder sind wir auf der Suche nach einem ganzheitlichen Weltbild, das in unserer westlichen Kultur vielleicht einmal vorhanden war, nun aber verlorengegangen ist? Holen wir uns Anleihen aus dieser fremden – etwa der chinesischen – Kultur, weil das abendländische Denken Erklärungen der Wirklichkeit bietet, die zwar eine solide wissenschaftliche Basis haben, uns aber emotional unbefriedigt lassen, denn sie sind uns keine Hilfe, wenn wir unsere eigene Natur verstehen lernen wollen?

Viele Fragen. Vielleicht trifft von allem ein wenig zu, überlege ich. Seit langem schon beschäftige ich mich mit der chinesischen Kultur, weil ich auf der Suche nach einem Weltbild bin, in dem das menschliche Wesen als eine Einheit von Körper, Geist und Seele betrachtet wird, eingebettet in den Rhythmus der Natur, des Jahres, des Tages, ja des ganzen Universums. Wir sind es gewohnt, das, was wir betrachten wollen, aus seinem Gesamtzusammenhang herauszureißen und von diesem getrennt zu analysieren. Ich möchte mich davon befreien, denn diese Art, die Welt zu betrachten, hindert mich daran, ein Gesamtbild meiner Persönlichkeit zu entwickeln, mich als ein in die Materie des Körpers eingegossenes Geistwesen zu verstehen. Das heißt nicht, daß ich mich gefangen fühle im Leib – nein, in ständiger Wechselwirkung erzeuge und benütze ich diesen und erfahre mit ihm und durch ihn die materielle Welt, ohne die geistige, feinstoffliche zu verlassen. Ich will beides haben. Erst wenn ich diese Polarität in mir als Einheit erfahren kann, ohne einen Teil abzutrennen, bin ich auch in der Lage, die materielle Welt meines Körpers und die meines Geistes und meiner Gefühle gleichermaßen zu erleben.

Diese Haltung möchte ich auf meine Umgebung ausdehnen: Mit allen Sinnen möchte ich meine Umwelt erfahren, den Baum erleben, unter dem ich sitze, seinen Anblick genießen, seine Rinde in meinem Rücken spüren. Ich beuge mich vor und hebe einen Apfel auf. Er ist fast reif und riecht süß. Ich möchte die Frucht des Baums essen und mich mit seiner unsichtbaren Energie verbinden. Die Chinesen haben ein schönes Bild dafür: Der Geruch ist das Qi des Himmels, und der Geschmack ist das Qi der Erde – beide haben sich in der Frucht des Baums verwirklicht.

Historisch betrachtet, haben sich in der chinesischen und in der europäischen Kultur zwei völlig verschiedene Wege des Denkens, die zur Erkenntnis und zum Verständnis der Naturgesetze führen, entwickelt: Auf der einen Seite steht die Gesamtschau der Chinesen, die sich deutlich in ihren Schriftzeichen zeigt, und auf der anderen Seite das empirische, ausgrenzende Denken des Abendlandes. Der analytisch denkende Europäer meint, er habe den besten Überblick, wenn er eine Sache bis ins kleinste Detail hinein erforscht. Zur Verdeutlichung hole ich einige Äpfel vom Baum und sortiere sie nach sicht- und meßbaren Merkmalen – nach Unterschieden in Form, Gewicht und Farbe. Ich schäle einen Apfel mit einem Taschenmesser und untersuche seine Schale, zerteile sein Fruchtfleisch, sein Kerngehäuse und schneide jeden einzelnen Kern auf. Dabei erfahre ich viel Wissenswertes über den Apfel, aber ich bleibe im Detail stecken und habe vielleicht vergessen, daß man den Apfel auch essen kann, daß er wunderbar schmeckt, nahrhaft ist und schön anzusehen. Betrachten wir den Apfel auf chinesische Art, so ist er rot und grün, er hat ein ausgewogenes Verhältnis von Yin und Yang. Entsprechend seinem Geschmack, ob süß oder sauer, ist er Nahrung für bestimmte Teile des Körpers. (Reife Äpfel haben einen größeren Anteil an Yang als unreife.) Bei jedem dieser Gedanken wird ein Netz von Entsprechungen und Beziehungen geknüpft. Das ist der chinesische Weg, zu denken und zu schreiben.

Ähnlich wie dem bis in den Kern erforschten Apfel ergeht es dem Menschen, wenn er seine Persönlichkeit aus westlicher Sicht betrachtet: Er spaltet sich in einen sichtbaren, wägbaren, meßbaren, genau erforschten Teil, seinen Organismus, und einen bedeutungsloseren, weil nicht greifbaren, unsichtbaren Teil, den man allgemein »Geist« und »Seele« nennt. Dieser feinstoffliche Geist-Seele-Anteil wird zwar nicht geleugnet, aber weit weg in andere Welten gedrängt. Geist und Seele bekommen ihren Platz in himmlischen Sphären oder in den Abgründen der Unterwelt. Durch diese Vorstellung wird uns auch aberzogen, Geist und Seele bewußt einzusetzen, um die feinstoffliche Verbundenheit mit anderen Lebewesen, mit der Natur wieder leben zu können.

Wir aber geben uns nicht damit zufrieden, sichtbare und unsichtbare Teile unserer Existenz aneinanderzureihen; so greifen wir auf ein vorwissenschaftliches Weltbild zurück, das eine ganzheitliche, bildhafte Symbolsprache hat, verlassen unsere wissenschaftlich untermauerte »Puzzlewelt« ... gewogen, gemessen und als zu leicht befunden.

TEIL I

DAS URALTE
WISSEN WIEDERENTDECKEN

Die Wurzeln des Qi Gong reichen bis in vorhistorische Zeiten zurück; Qi Gong war eng mit den jeweiligen Herrschern verknüpft und dem Hochadel vorbehalten. Dieses uralte Wissen ist die Grundlage vieler Körperübungen, die von verschiedenen Qi-Gong-Lehrern über viele Jahrhunderte hinweg entwickelt wurden. Aus der Epoche der streitenden Reiche (770–221 v. Chr.) ist bereits überliefert, daß Qi Gong von Adligen und in Klostergemeinschaften praktiziert wurde. Die verschiedenen Übungen wurden größtenteils mündlich überliefert. Erst in der Ming-Zeit (1368–1644 n. Chr.) – vergleichbar mit der frühen Barockzeit in Europa – wurden die Übungen schriftlich festgehalten und mit Namen bedacht. Durch den Buddhismus bekam Qi Gong ein inhaltlich reiches Fundament und verbreitete sich weit. Aber auch Taoisten, Konfuzianer und Wushu-Meister waren maßgebend an seiner Entwicklung beteiligt.

All die Übungen des Qi Gong helfen, die Lebenskraft, die wir von Natur aus mitbekommen haben, lange zu erhalten, das durch die Nahrung und den Atem aufgenommene Qi optimal zu verwerten, das »Abwehr-Qi«, das den Körper vor Krankheiten schützt, zu festigen und die Geistesenergie zu harmonisieren. Sie lehren uns, wie wir uns mit unserem Körper-Qi vertraut machen, es verstehen, im eigenen Körper lenken und vermehren, mit dem Ziel, uns gesund und wohl zu fühlen. (Nähere Erläuterungen zum Thema »Qi« siehe S. 18)

Als ich längere Zeit regelmäßig Taiji und Qi Gong übte, nahm ich immer deutlicher wahr, wie stark mein Organismus auf Reize der Umwelt reagiert. Auch meine gedanklichen und emotionalen Reaktionen darauf konnte ich mit zunehmender Übungszeit bewußter erfahren, das gleiche gilt für meine Körperempfindungen. Nicht, daß ich Umwelteinflüssen und Stimmungen im Umfeld hilflos ausgeliefert war ... Es drang lediglich immer deutlicher in mein Bewußtsein, daß jeder grobstoffliche Körper, sei es mein eigener oder der einer Pflanze oder eines Baumes, ein feines energetisches Feld, nennen wir es einen »Qi-Körper«, besitzen muß. Ich nahm weiter wahr, daß jeder Mensch mit seinem feinstofflichen Körper in enger Beziehung zu den verschiedenen Qi-Qualitäten steht, die ihn umgeben. Der Einfluß, den diese ätherischen Energien der Erde, der Sonne, des Mondes und der Pflanzenwelt auf den Menschen haben, erschien mir bei den Qi-Gong-Übungen nicht ausreichend berücksichtigt. Das änderte sich, als ich das sogenannte »Kranich-Qi-Gong« lernte. Bei diesen Bewegungen werden Himmel (oben) und Erde (unten) und die vier Himmelsrichtungen in die Bewegungsfolge und die Vorstellung miteinbezogen. Dies unterstützte meine Überzeugung, daß es für mein Qi bedeutsam ist, ob ich mein Gesicht bei den Übungen nach Osten wende und damit meinen Rücken nach Westen, ob ich in die helle Sonne blicke oder mir der Wind um die Ohren bläst. Diese Erkenntnis ermunterte mich weiterzuforschen, wie ich durch meinen Qi-Körper als sechsten Sinn mit der lebendigen Umwelt in Kontakt treten kann. Meine Wahrnehmung findet dann auf dieser feinstofflichen Ebene statt und öffnet die Kanäle meiner Intuition.

Ding Shu Gong – Baum-Qi-Gong

Die enge Beziehung zum Qi der Natur wird in einer besonderen Methode des Qi Gong gesucht: im Baum-Qi-Gong bzw. *Ding Shu Gong.* Die Qi-Kräfte der Bäume sind nicht die Wirkstoffe, die in den verbreiteten Anwendungsformen der Pflanzenheilkunde genützt werden. Es werden keine stofflichen Teile der Bäume wie Blätter, Blüten, Rinde oder Harze verwendet, um sie zu Salben, Auszügen oder Tees zu verarbeiten. Die Qi-Kraft des Baums liegt nicht in seiner stofflichen Chemie:

> *Mit einem Baum in Kontakt treten heißt,*
> *sich mit den kosmischen Wirkkräften zu verbinden,*
> *die in dem jeweiligen Exemplar wirksam sind.*

Wir gehen beim Baum-Qi-Gong über unseren Körper hinaus und suchen einen Zugang zu den ätherischen Kräften der Natur, hier der Bäume. Deshalb praktizieren wir diese Übungen auch in der freien Natur unter den Bäumen. Wir

beginnen mit leichten Entspannungsübungen, dann stellen wir in lockerer Körperhaltung – indem wir körperlich Kontakt zum Baum aufnehmen – zu diesem eine Beziehung auf feinstofflicher Ebene her und empfangen seine verborgenen Kräfte.

Nach chinesischer Überlieferung beeinflußt ein bestimmter Baum jeweils einen bestimmten Gefühlszustand der menschlichen Psyche und wirkt wohltuend auf ein bestimmtes Organsystem des menschlichen Körpers. Auf diesem Gebiet gibt es bis heute nur dürftige schriftliche Aufzeichnungen, all das wurde mündlich überliefert. Wir können uns die Entwicklung des Ding Shu Gong so vorstellen, daß bedeutende Qi-Gong-Lehrer im Laufe ihrer langjährigen Erfahrung über das Qi der Bäume zu bestimmten Erkenntnissen gelangten, die sie in ihr komplexes Weltbild, das Yin und Yang und die Fünf Elemente beinhaltet, einbauten. Berühmte Qi-Gong-Lehrer leben bis heute in Klostergemeinschaften und bewahren außerdem das Wissen der traditionellen chinesischen Medizin (TCM). Herr Zhong Haiying von der medizinischen Qi-Gong-Fakultät für Forschungen in der traditionellen chinesischen Medizin an der Hochschule von Shanghai berichtete mir, daß man von uralten Bäume in Klostergärten Qi aufnähme. Als Beispiel nannte er das Kloster Taizipo in Wudang, das zu Beginn des 15. Jahrhunderts errichtet wurde. Dort steht ein Baum, so alt wie das Kloster, von dem er selbst Qi aufgenommen habe.

Es gab aber auch adlige Familien, aus denen traditionell große Meister stammten, in denen das Wissen gehütet und vom Vater auf den Sohn vererbt wurde. Meine Taiji-Lehrerin, Frau Ling Ping, erfuhr auf ihren Reisen durch China, die sie auch in entlegene Gegenden brachten, von diesen Übungen. Sie bestätigte mir, daß die Schüler bis in jüngste Zeit immer nur mündlich erfuhren, wie diese Beziehung zu den Bäumen auf feinstofflicher Ebene hergestellt werden kann, um ihren verborgenen Qi-Kräften zu begegnen. In früheren Zeiten mußten die Schüler ihrem Meister sogar schwören, diese Kenntnisse nicht ohne Erlaubnis weiterzugeben. So gingen im Laufe der Zeit mit dem alten Wissen auch die Zusammenhänge zwischen den Elementen, Organen und Bäumen verloren, oder sie blieben nur wenigen vorbehalten. Bei einem Baum-Qi-Gong-Seminar, das Frau Ling Ping in einem großen Garten in der Nähe Wiens hielt, erlebte ich Bäume auf eine Art, wie ich sie vorher nicht erfahren hatte. Nachdem alle Teilnehmer die Entspannungsübungen und das Atmen durch die Körperpunkte an Händen und Fußsohlen geübt hatten, suchte sich jeder einen Baum aus, der ihm gefiel, der eine Anziehung auf ihn ausübte. Die Entspannungsübungen wurden unter dem Baum wiederholt, und man lehnte sich danach mit der Stirn an ihn. Ich drückte meine Stirn an eine sehr große, sehr alte Linde und brachte mein Becken in leichte kreisende Bewegungen. Plötzlich fühlte ich mich wie ein kleines Insekt, das mit der Stirn am Baum klebt. Ich spürte den Boden unter meinen Füßen nicht mehr, und gewaltige Kräfte schüttelten meinen Körper. Erst als diese heftigen Bewegungen sich verloren, löste ich vorsichtig den Kontakt mit dem Baum auf. Seit diesem Erlebnis wußte ich um die Kräfte der Bäume, aber erst Jahre später erfuhr ich, daß einzelne Bäume bestimmten Elementen und Organen zugeordnet sind. Damals entschloß ich mich, die Zusammenhänge zusammenzutragen und schriftlich festzuhalten. Dazu mußte ich zurück in die Vergangenheit. Dabei halfen mir die Interpretationen der universellen Gesetze der Welt, wie sie im Buch *I Ging. Das Buch der Wandlungen* dargestellt werden, meine Kenntnisse der traditionellen chinesischen Medizin und die mündlichen Überlieferungen meiner Qi-Gong-Lehrerin, Frau Ling Ping.

Abb. 1

Lassen Sie uns die Schriftzeichen »Ding Shu Gong« betrachten und vor allem, was sie im Deutschen bedeuten. *shu* heißt Baum; *ding* bedeutet »lehnen oder anlehnen, etwas oder jemanden mit einem gewissen Druck berühren«. *ding* heißt aber auch »mit jemandem in Beziehung treten, ohne ihn dabei anzusehen oder mit ihm zu reden«.

Das Schriftzeichen *gong* beinhaltet all das, was der Mensch tun muß, um sein Qi, seinen »Lebensstrom« so zu beeinflussen, daß er lange und kräftig fließt. Dies kann er tun, indem er die Qi-Gong-Bewegungen übt – oft, lange, mit Fleiß und Ausdauer. *gong* bezeichnet also Fähigkeiten, die erworben wurden, die einem Menschen nicht vom Schicksal in den Schoß gelegt wurden. Das ist der Haken bei diesen Systemen, die so vielversprechend klingen. Ohne eigenen Einsatz, ohne persönliche Mühe geschieht gar nichts. Ich denke, das ist die größte Hürde, die wir nehmen müssen, um in den Genuß der Wohltaten des Qi Gong zu kommen, und vielleicht auch ein notwendiger Lernprozeß. Chinesen scheinen mit kontinuierlichem

Üben keine Probleme zu haben – anders als wir Europäer. Ich kann mich noch gut an den irritierten Gesichtsausdruck eines chinesischen Qi-Gong-Lehrers erinnern, als er entdeckte, daß seine europäischen Schüler nicht täglich üben, wie er es von chinesischen Schülern gewohnt war. Ding Shu Gong sind also Übungen für Körper und Geist, bei denen Sie einen Baum berühren, sich an ihn lehnen, mit ihm eine Beziehung eingehen, die über die Sinne hinausreicht; Sie ziehen aus der Harmonie seines Qi Nutzen für Ihr Gemüt und Ihren Körper. Diese Methode wirkt auf der feinstofflichen Ebene und setzt einen gelösten, offenen Geist sowie einen entspannten Körper voraus.

Wenn Chinesen von *Qi Gong* sprechen, wissen sie genau, was darunter zu verstehen ist. Europäer sind nicht in dieser Tradition groß geworden, deshalb bedarf es einer Erklärung. Das Schriftzeichen *qi* ist keine kurze Silbe, die man mit einem Wort übersetzen kann. Es handelt sich hierbei um einen Begriff der chinesischen Philosophie mit vielen Bedeutungen. Unsere Worte »Luft, Äther« gehören dazu mit verschiedenen Erscheinungsformen der Luft wie »Dunst, Dampf, Gas«; der Bezug des Menschen zur Luft steckt auch in diesem Zeichen: »Atem, Hauch, Geruch« –

aber all diese Bedeutungen haben Eigenschaften, die ihnen gemeinsam sind. Das oben Genannte ist unsichtbar, nicht greifbar, feinstofflich, es ist fließend, kann sich ausdehnen und zusammenziehen, kann in Körper eindringen und aus diesen austreten.

Manchmal hat Qi auch noch umfassendere Bedeutungen und bezeichnet die Gestirne am Himmel, die Sonne, die Landschaft auf der Erde. So kommen wir über diese vielen Bedeutungen zu der Substanz des Schriftzeichens Qi, die ich als »pulsierenden Lebensstrom« bezeichnen möchte. Qi ist nicht als Energie im Sinn einer physikalisch definierten Größe zu verstehen, es ist vielmehr ein Zustand: lebendig, pulsierend im Raum, andauernd in der Zeit.

Dieser pulsierende Lebensstrom ist die Summe aller Lebenskraft und Energie im Bereich unseres Körpers; er lenkt die physiologischen Körpervorgänge und hält sie in Bewegung, er erzeugt emotionale und seelische Phänomene und dirigiert sie; er ermöglicht es den körperlichen und geistig-seelischen Anteilen des Menschen, sich als Einheit zu erfahren und zu der Schöpfung als Ganzem in Beziehung zu treten.

DIE STUFEN DES QI GONG

Möchten Sie Baum-Qi-Gong praktizieren, so ist es vorteilhaft, wenn Sie sich grundlegende Kenntnisse über Qi Gong aneignen. Sie können dann die verschiedenen Reaktionen im Körper besser einordnen und sind dadurch weniger verunsichert.

Die drei Stufen des Qi Gong können Sie auch mittels anderer Methoden zur Schulung der Körperwahrnehmung erfahren, wie z.B. durch Yoga, Feldenkrais u.a. Damit Sie beurteilen können, auf welcher Stufe Sie sich befinden, beschreibe ich im Folgenden die jeweiligen besonderen Merkmale.

Erste Stufe: Der Geist bewegt den Körper

Mit »Geist« ist hier die unsichtbare Existenz des Menschen gemeint, die an seine Körperlichkeit gebunden ist, diese wechselnde Mischung aus Verstand und Gefühl, die Antrieb oder Hemmung in unserem Wachbewußtsein ist. Jeder Mensch, der sich irgendeine Bewegung einprägen möchte, sei es beim Tanz, bei einem Kampfsport oder bei einfachen Gymnastikübungen, beginnt auf dieser Stufe. Seine Aufmerksamkeit ist bei der Bewegung, d. h., sein

Geist dirigiert, was sein Körper ausführen soll, ohne daß der Mensch dies bewußt wahrnimmt oder bewußt beeinflußt.

Qi Gong auf dieser Stufe zu praktizieren heißt, sich mit seinem Geist bewußt in Beziehung zu setzen zu seinem Körper. Es ist keine abgehobene Meditation, bei der die Beziehung zum Körper gemieden wird. Mehr als bei gewöhnlichen Gymnastikübungen beobachtet man seinen Körper mit einer gewissen Neugier und ist anfangs oft erstaunt, wie schwer es ist, einfache Bewegungen mit Händen und Füßen in fließende, harmonisch koordinierte Bewegungsabläufe umzuwandeln. Auf wie viele schmerzende Stellen, Bewegungshemmungen und Verspannungen wird man aufmerksam, die sich im Laufe des Lebens im eigenen Körper eingenistet haben und die Bewegung und den freien Qi-Fluß hemmen? Man fragt sich, wie das geschehen konnte. Der Mensch speichert seelisch-emotionale »Niederlagen« im Körper in Form von Muskelspannungen, Bewegungshemmungen, Gefäßverengungen, und diese gilt es wieder aufzulösen.

Langsam, wenn man Qi Gong über längere Zeit regelmäßig praktiziert – wie lange, das ist individuell sehr verschieden und stark vom persönlichen Eifer des Übenden abhängig –, werden nach und nach Stellen im Körper bewußt, die sich anfühlen, als ob sie fremdgesteuert wären. Dieses Gefühl drückte eine Teilnehmerin in einem Taiji-Kurs aus, als sie verzweifelt rief: »Ich muß aufhören, ich kann diese Bewegung niemals lernen, eine Hand ist schneller als die andere! Was soll ich bloß tun?« Sie hatte sich in dieser Entwicklungsphase nicht nur damit geplagt, sich diese Bewegung zu merken, sondern auch damit, daß sie versuchte, die rechte und die linke Hand zu koordinieren. Ihr Geist war noch nicht in der Lage, ihren Körper so zu bewegen, wie sie es sich vorgestellt hat. Jede Bewegung, die wir erlernen wollen, stellt uns diese Aufgabe.

Auch mit den in diesem Buch beschriebenen Entspannungsübungen, die als Vorbereitung für das Baum-Qi-Gong dienen, müssen wir diese Lernphase durchleben. Auf dieser Stufe werden Bewegungen bewußt ausgefeilt, man achtet bewußt auf den Atem, und die Bewegungen werden im Rhythmus des Atems ausgeführt. So werden Sie nach und nach immer weniger Kraft für die Bewegungen benötigen und lernen, diese mit dem geringst möglichen Energieaufwand zu machen. Wer nach dem Üben von Qi Gong einen Muskelkater bekommt, hat zuviel Kraft im Verhältnis zum Qi aufgewendet.

Auf dieser Stufe erfahren Sie mehr Gelenkigkeit, Bewegungshemmungen und Qi-Blockaden lösen sich auf, körperliche Schwachstellen werden entdeckt und durch Übung gestärkt, rechte und linke Gehirnhälfte werden ins Gleichgewicht gebracht – dadurch baut sich Streß ab und emotionale Mißstimmungen werden günstig beeinflußt.

Zweite Stufe:
Qi bewegt den Körper

Indem Sie sich selbst beobachtet und viel geübt haben, konnten Sie erkennen, daß tatsächlich eine sehr enge Wechselwirkung zwischen Geist und Körper besteht. Sie haben gelernt, den Qi-Fluß in Ihrem Körper und dessen Wirkung zu beobachten. Dabei nehmen Sie sich gedanklich und emotional zurück. Die Aufmerksamkeit ist im Körper, beim Qi-Fluß. Das ist die zweite Entwicklungsstufe. Natürlich ist der Übergang zwischen diesen »Stufen« und der Qi-Erfahrung ein fließender, diese Einteilung ist rein theoretisch. Qi bewegt den Körper immer, auch auf der ersten Stufe, aber das ist uns nicht bewußt.

Erst wenn die Bewegungen im Gedächtnis haften, die Abfolge »automatisch« erfolgt, wie z.B. beim Gehen, wenn man dabei nicht mehr denken muß, wird der Geist so ruhig, daß Qi seinen Weg im Körper ungehindert ohne plötzlichen störenden geistigen oder emotionalen Einfluß gehen kann. Praktizieren Sie Qi Gong auf dieser Stufe, so ist Ihre Aufmerksamkeit beim Atemrhythmus, beim Qi, in Ihrem Körper. Die Gedanken haben sich beruhigt, das Herz ist still, d.h., auch die Gefühle sind ruhig. Dies ist der Zustand, den Sie erreichen sollten, wenn Sie Baum-Qi-Gong praktizieren wollen.

Sie erkennen diese Stufe daran, daß Sie Qi tatsächlich wahrnehmen. Manchmal fühlen sich Ihre Hände glatt an, als wären sie gepudert. Vielleicht werden die Hände warm; Sie können aber auch an anderen Körperstellen Wärme spüren, vielleicht ein leichtes Prickeln oder wie ein Rieseln über ihren Körper geht, als würden Sie von einem angenehm temperierten Wasserstrahl getroffen. Es mag mehr Speichel fließen. Das sind alles erwünschte Phänomene, die zeigen, daß der Qi-Fluß zunimmt und Blockaden auflöst. In diesem Zusammenhang kann es auch geschehen, daß plötzlich ein Körperteil – sei es eine Hand, ein Arm oder ein Fuß – zuckt, als hätte ihn ein Stromstoß getroffen. Eine ähnliche Empfindung, die Sie vielleicht schon erlebt haben, kann kurz vor dem Einschlafen auftreten oder bei sehr leichtem Schlaf: Plötzlich geht ein Rucken oder Zucken durch einen Teil Ihres Körpers. Durch die Entspannung des Schlafes begünstigt, werden Blockaden in den Energiebahnen des Körpers aufgelöst. Wenn Sie diese Qi-Phänomene im eigenen Körper erfahren haben, können Sie sich auch dem Baum-Qi vertrauensvoll hingeben und werden nicht erschrecken, wenn das Qi des Baums ähnliche Wahrnehmungen erzeugt.

Dritte Stufe: Der Geist bewegt Qi. Qi bewegt den Körper

Die dritte Entwicklungsstufe kann man erst nach jahrelanger Übung erlangen. Es ist die Fähigkeit, Qi mit dem Geist zu beeinflussen, um es dann ungehindert seine Arbeit im Körper verrichten zu lassen. Die Achtsamkeit ist im Geist und überträgt die Handlungsimpulse auf das Qi. Die Befehlshierarchie ist, wenn wir diese Stufe mit der ersten vergleichen, verändert. Zu Anfang hat der Geist den Körper bewegt, hier bewegt Qi den Körper. Das ist ein grundlegender Unterschied. Baum-Qi-Gong auf dieser Stufe zu praktizieren bedeutet, daß der Körper frei von Verspannungen ist und der Geist leer. Die Gedankenbilder entspringen der Kommunikation mit dem Baum. Das Qi des Baums kann direkt mit Ihrem Qi kommunizieren.

Im täglichen Leben machen wir uns keine Gedanken darüber, daß alles, was wir denken, alles, was wir fühlen, unsere Körperfunktionen mitsteuert. Auf dieser Stufe der Fertigkeit beginnen wir die Ursachen von Qi-Mangel, Qi-Blockaden, Qi-Stauungen nicht nur zu empfinden, sondern auch zu begreifen. Bekommt unser Körper von unserer Persönlichkeit des öfteren andere Gedanken- oder Stimmungsimpulse, als es den Körperfunktionen guttut, dann entsteht vielleicht ein Qi-Chaos oder ein Qi-Mangel. So kommt es zu Unpäßlichkeiten und Krankheiten. Jeder Gedanke, jedes Gefühl muß vom Körper mit einer Reaktion erwidert werden. Die Betonung liegt auf *muß*. Der Organismus kann es sich nicht aussuchen, ob er will oder nicht. Je negativer Ihre Gedanken und Gefühle, wie z.B. bei Wut, Angst, Unsicherheit und Mutlosigkeit, sind, desto belastender sind sie für den Körper, weil sie viel Qi verbrauchen – und das fehlt dann anderswo. Negative Gedanken sind »Qi-Fresser«!

Stellen Sie sich einen Menschen vor, der zornbebend mit der Hand auf eine Tischplatte schlägt, um seiner Wut Ausdruck zu verleihen. Er fühlt kaum Schmerz. Seine aufgestauten Gefühle schicken soviel Qi in seine Hand, daß bei ihm fast keine Schmerzempfindung eintritt. Wenn ihm ein anderer mit der gleichen Wucht mit einem Brett auf die andere Hand schlagen würde, hätte er sicher große Schmerzen. Der Zornige hat, völlig unbewußt, Qi durch seinen Geist (Gefühl und Verstand) in die Hand gelenkt, mit der er auf den Tisch schlägt. Dieses Qi fehlt seinem Körper, und das macht ihn verkrampft und erschöpft.

Wenn Sie nun ein bißchen neugierig geworden sind, machen wir zusammen einen Versuch: Setzen Sie sich so bequem wie möglich hin. Entspannen Sie Ihren Körper, so gut Sie können. Vom Kopf abwärts, besonders die Schultern und Arme bis in die Hände. Die Hüften und die Beine bis in die Füße. Bleiben Sie einige Zeit so entspannt sitzen. Atmen Sie ruhig. Sie erinnern sich sicher an ein Erlebnis, das Sie sehr verärgert hat. Lassen Sie dieses Erlebnis vor Ihrem geistigen Auge auferstehen – mit all dem Ärger, den Sie damals empfunden haben. Versuchen Sie dabei körperlich völlig entspannt zu bleiben. Beobachten Sie sich: Können Sie sich ärgern und gleichzeitig körperlich entspannt bleiben? – Ich kann mir nicht vorstellen, daß Ihnen das gelungen ist. Denn der eine Zustand schließt den anderen aus. Folglich gilt umgekehrt: Ich kann immer durch einen entspannten Körper auch ein aufgebrachtes Gemüt beruhigen.

Sie können den Versuch auch umgekehrt machen: Spannen Sie den Körper an, und bleiben Sie dabei heiter. Runzeln Sie die Stirn, pressen Sie die Lippen zusammen, und ballen Sie die Fäuste. In diesem verkrampften Körperzustand versuchen Sie nun, sich in Gedanken ein schönes Erlebnis herbeizuholen und es mit aller Freude zu genießen. Wenn Sie diesen Versuch vor einem Spiegel machen, werden Sie rasch merken, daß sich die Stirn glättet, die Lippen sich entspannen und die verkrampften Fäuste sich lösen, sobald die Gedanken freundlich werden. Dies zeigt, wie prompt der Organismus auf Stimmungsreize reagiert und wie gewaltig die Macht der Visualisation ist.

Wenn nun Ihr bewußter Geist sich diese Wechselwirkung von Stimmungslage und Körperfunktion zunutze macht und Sie auf Ihre Gefühle achten und mit dieser Aufmerksamkeit auf den Augenblick Qi im Körper lenken lernen, haben Sie den Anfang der dritten Entwicklungsstufe erreicht. Allein schon das Erkennen dieser Möglichkeit – damit meine ich nicht, daß Sie diese Zusammenhänge gedanklich nachvollziehen, sondern daß Sie diese emotional verstehen – ist ein großer Gewinn.

Der Geist lernt, Qi zu lenken

Wie bereits erwähnt, ist mit »Geist« sowohl Verstand als auch Gefühl gemeint, wobei mal das eine, mal das andere die Persönlichkeit dominiert. Beide, Verstand und Gefühl, müssen zusammenarbeiten, wenn mit konzentrierter Aufmerksamkeit ein Bild entworfen wird: Es sind von Bildern getragene Gedanken, die wir vor unserem inneren Auge entstehen lassen. Dies geschieht in einem Zustand innerer Aufmerksamkeit oder Achtsamkeit, die Sie voll und ganz auf Ihren Körper lenken.

Entwerfen Sie z.B. ein Bild, das für Sie heilsam ist, und verbinden Sie es mit Ihrem Atem. Versuchen Sie nun, bewußt wahrzunehmen, wie der Atem durch die Nasenlöcher in den Körper eintritt, von ihm aufgenommen wird. Sie folgen seinem Weg, bis dahin, wo der Atem verbraucht und dann wieder abgegeben wird. Es ist eine gleichmäßige, sanfte Bewegung, ein Sich-Ausdehnen und Sich-wieder-Zusammenziehen. Sie spüren in diesem Pulsieren die Ewigkeit alles Lebendigen auf Erden. Wenn Sie diese Vorstellung des Atmens von der Funktion der Lungen lösen, ist der Atem ein innerer Atem geworden und kann jeden Ort im Organismus erreichen. Mit dem inneren Atem, geführt von Ihrer Achtsamkeit, können Sie Qi im Körper lenken. Das Gedankenbild, das Sie anfangs entworfen haben, kann sich dabei ändern. Es entstehen innere Bilder, die Ihnen zeigen, in welchem Qi-Zustand sich Ihr Körper an einer bestimmten Stelle befindet, denn es besteht ein enger Zusammenhang zwischen dem Bild, das entsteht, und dem Zustand Ihres Körpers. Wo die Achtsamkeit Ihren inneren Atem hinführt, dahin senden Sie vermehrt Vitalenergie. Wo in der Vorstellung Qi im Körper ungehindert fließen kann, wo Sie es als breiten, hellen, strahlenden Fluß wahrnehmen können, da ist der Körper gut mit Qi versorgt. Wo dunkle Bilder auftreten, der Qi-Fluß eng oder unterbrochen erscheint, werden sich im Körper auch tatsächlich Schwachstellen befinden.

Sie spüren die positiven Auswirkungen dieser Übung auf den Körper, wenn sich die inneren Bilder verändern und angenehme Empfindungen hervorrufen. Diese Bilder schöpft jeder aus seinen eigenen Vorstellungen, und deshalb können sie von Mensch zu Mensch sehr verschieden sein. Aber eines gilt für alle: Wenn sie von angenehmen, erfreulichen, heiteren Gefühlen begleitet sind, ist das ein Hinweis auf einen ausgeglichenen Qi-Fluß. Können Sie Qi mit Ihrem Geist an verschiedene Orte Ihres Körpers schicken, werden diese Stellen mit mehr Lebenskraft versorgt. Ist in einem Organ Qi gestaut, so entsteht Druck. Wo zuviel Qi ist, wird es abgezogen, wo zuwenig Qi fließt, wird es aufgefüllt. Dadurch können alle Organe gut aufeinander abgestimmt funktionieren. Das bedeutet, der Organismus wird gesund, wenn er krank war, oder er wird in seiner Gesundheit gefestigt. Auf psychischer Ebene geschieht ähnliches: Alle Gefühle, über die ein Mensch aufgrund seines Charakters verfügt, pendeln sich auf einen harmonischen Zustand ein. Hier eine kleine Episode zur Verdeutlichung dieser Zusammenhänge:

Es bereitet mir großes Vergnügen, in den Bergen zu wandern, und wenn am Ende des Weges noch eine Berghütte lockt, dann muß ich hinauf. Leider spielte einmal mein linkes Knie nicht mehr mit und meldete sich nach kurzer Wanderung bei jedem Schritt mit einem stechenden Schmerz. Eine Röntgenuntersuchung ergab außer einer geringen Abnutzung nichts Wesentliches. Ich ignorierte mein Knie und machte trotzdem Urlaub in den Bergen. Aber mein Knie ignorierte mich nicht und tat alles, um sich bemerkbar zu machen. Ich sammelte meine Aufmerksamkeit und versuchte, ein inneres Bild meines Kniegelenkes zu bekommen: Ich sah ein Gelenk und im Gelenkspalt eine Masse von puddingähnlicher Konsistenz in der Form eines Pfannkuchens von einer zart rötlichen Färbung. Ich achtete auf meine Gefühle dabei. Die Farbe bereitete mir Unbehagen, erinnerte mich an eine Entzündung. Ich werde sie ändern, dachte ich, oder noch besser, ich werde die Farbe sich selbst ändern lassen. Ich stellte mir vor, wie mein Knie vermehrt mit Qi durchströmt wurde, und beobachtete dabei das visualisierte Bild. Die puddingähnliche Masse zwischen den Knochen veränderte ihre Farbe. Das blasse Rot zog sich zurück und ließ einen milchigen Ockerton auftauchen. Diese Änderung geschah nicht abrupt, und das Rot wich auch nicht ganz aus der Masse, an einer Stelle verblieb ein kleiner Rest. Solange ich das Bild mit der gelblichen Masse im Geist halten konnte, verschwand auch der stechende Schmerz. Ich kontrollierte noch einige Tage, in welchem Zustand sich das innere Bild meines Kniegelenkes befand, und wenn es mir nicht gefiel, sandte ich ihm von Zeit zu Zeit Qi.

Dieses Erlebnis unterstreicht meine Erfahrung, daß es nicht reicht, wenn wir den Qi-Fluß nur mit dem Verstand anregen wollen. Der Verstand allein läßt kein wirkungsvolles Bild aufkommen. Die Gefühle müssen mitspielen. Wie anfangs erwähnt, wandere ich sehr gern im Gebirge, also waren all meine Gefühle voll daran beteiligt, mein Knie wieder in Ordnung zu bringen, um mir meinen Wunsch zu erfüllen.

Die inneren Bilder, die bei Baum-Qi-Gong auftreten, geben oft Aufschluß über Ihren physischen und psychischen Zustand. Wenn Sie diese Bilder im Gedächtnis behalten, können Sie diese zu einem späteren Zeitpunkt wieder hervorholen und ihre Botschaft erforschen. Auch hier gilt: Je angenehmer und beglückender die Bilder sind, desto heilbringender für Körper und Geist.

Qi und Kraft

Stellen Sie sich einen Menschen vor, der viel Kraft hat. Sie denken nun sicherlich an eine athletische Gestalt mit breiten Schultern und Muskelpaketen. Wie aber stellen Sie sich einen Menschen vor, der viel Qi hat, und wodurch unterscheidet er sich von demjenigen, der viel Kraft hat?

In der chinesischen Vorstellung wohnt die Kraft in den Muskeln. Dem können Sie sicher sofort zustimmen. Wenn Sie einen Sportler nach seiner Kraft fragen, spannt er seinen Bizeps an, um dessen Volumen zu zeigen. Seine Kraft zeigt sich in seiner Körperform. Er fühlt seine Muskeln, er spürt seine Muskelbäuche, die Masse seines antrainierten Fleisches ... sein Gewicht gibt ihm Sicherheit. Wenn ein Sportler nur kurzzeitig Hochleistungen erbringen muß, so ist ein großes Kraftpotential ausschlaggebender als gutgelenktes Qi.

Anders ist das bei Bergsteigern, Marathonläufern, Eisschnelläufern ... sie brauchen Ausdauer. Diese Sportler haben zwar auch Kraft, aber noch viel mehr Qi, und das macht sie drahtig, zäh, ausdauernd. Ihre Sehnen sind stark wie Drahtseile, und Qi gehört zu den Sehnen wie Kraft zu den Muskeln. Denn Qi fließt in Kanälen, die den Körper an Gelenken, Sehnen- und Nervensträngen entlang durchziehen; es wird durch diese bewegt.

Im allgemeinen ist den meisten Menschen gar nicht bewußt, daß sie ihren Körper als statisch, fest oder bewegt bzw. fließend erleben können und zwischen diesen beiden Empfindungsbereichen auch hin- und herwandern können. Die sanften Bewegungen des Qi Gong erzeugen keine Muskelpakete, aber die Sehnen werden elastischer und kraftvoller. Man braucht beides: Muskeln, die Kraft erzeugen, und Sehnen, die Qi bewegen.

Wenn ich mich eines Beispiels bediene und den menschlichen Körper mit einem stromführenden Kabel vergleiche, das von einem Hochspannungsmast zum nächsten führt, dann entspricht das Kabel den Knochen, Muskeln, den festen Teilen des Körpers, der Kraft. Der elektrische Strom, der im Kabel und um dieses herum fließt, entspricht den Qi-Kanälen im Körper. Wenn wir das Kabel als unseren eigenen Körper empfinden könnten, würden wir von diesem sagen: er ist lang, sehr schwer, an den Enden fixiert, hart, vielleicht kalt ... Wenn wir uns in die Empfindung des elektrischen Stromes hineinversetzen könnten, wären unsere Gefühle vielleicht: schnell, fließen, Funken, Widerstand, Hitze ... Wir wechseln von der Grobstofflichkeit des Kabels in die feinstofflichen, nicht sichtbaren elektrischen Schwingungen, und die Empfindungen müssen sich ebenfalls ändern.

Feinstoffliche Kommunikation mit dem Baum

Sich mit Bruder und Schwester Baum verständigen

Nüchtern betrachtet haben wir Menschen keinen einzigen Sinn mit der Baumwelt gemeinsam, der uns eine Kommunikation mit ihr ermöglichen könnte. Wir haben jedoch fünf Sinne, mit denen wir *Eindrücke* aus der Baumwelt *empfangen* können:

- *Sehen:* Sie können einen Baum ansehen, seinen Umfang, seine Ausdehnung im Raum, seine Farbe, wie seine Blätter geformt sind – all diese Bilder nehmen Ihre Augen auf.
- *Riechen:* Mit Ihrem Geruchssinn können Sie den Duft der Blüten aufnehmen, die Süße einer reifen Frucht riechen, den herben Duft einer harzigen Rinde. Der Geruchssinn erlaubt es uns, den Baum auf einer feinstofflichen, unsichtbaren Ebene zu erleben.
- *Hören:* Sie können dem Rauschen der Blätter im Wind lauschen, dem Knistern der Tannenzapfen in der Sommerhitze oder dem Geräusch, das Regentropfen machen, wenn sie auf das Blattwerk fallen.
- *Schmecken:* Pflücken Sie eine reife Frucht, und genießen Sie das Gefühl, wie sich deren weiche Süße im Mund ausbreitet. Sie können Ihren Durst mit einer saftigen Frucht löschen.
- *Tasten:* Sie verwenden Ihren Tastsinn, wenn Sie mit Ihren Händen einen Baum berühren, mit den Fingern die Beschaffenheit seiner Rinde ertasten, den Verzweigungen der Äste nachspüren, ein Blatt zwischen Ihren Fingern bewegen, sich an den Baum lehnen, Ihren Körper an ihm reiben.

Wenn wir Menschen mit einem Baum auf der Qi-Ebene in Kontakt treten, Qi von ihm empfangen möchten, müssen wir nach Gemeinsamkeiten suchen, danach, wie wir in Beziehung treten können. Den physischen Körper eines Baumes können wir über die Sinnesorgane erfahren. Wenn wir aber seine feinstofflichen Kräfte empfangen möchten, ist es nötig, daß wir unser Bewußtsein aus den hochentwickelten menschlichen Sinnen zurückziehen und den Kontakt mit der Baumwelt in diesem feinstofflichen Schwingungsbereich suchen, den wir als Qi-Fluß erfahren haben. Gehen wir in der Entwicklungsgeschichte der Baumwelt und der Menschheit zurück, so entdecken wir, daß Bäume bereits Jahrmillionen vor uns Menschen auf dieser Erde waren, sich ihren Lebensraum geschaffen und damit unseren grundlegend geprägt haben. Wir sollten stets bedenken, daß es Pflanzen waren, die es den tierischen Lebewesen erst möglich machten, auf der Erde zu leben. Nicht die Bäume, wir Menschen waren gezwungen, unsere Entwicklung dem vorgefundenen Lebensraum anzupassen. Während der vergleichsweise kurzen Zeit, in der Menschen am Leben auf der Erde teilhaben, wurden sie durch das geformt, wodurch sich die Natur nach dem ihr innewohnenden Gesetz bereits gestaltet hatte. Seit für uns Menschen unvorstellbar langen Zeiträumen geschah dies, und es geschieht heute noch: So trägt alles, was sich an Natur auf der Erde manifestiert hat, auch das Menschengeschlecht, ein gemeinsames Gesetz in sich – das *kosmische Urprinzip des Lebens*. Dabei handelt es sich um den gemeinsamen Urgrund, die Kraft, aus der heraus die Erscheinungen der Pflanzenwelt und der Tierwelt, zu der wir als Menschen nun mal gehören, entstehen.

Besinnen Sie sich auf diesen gemeinsamen Ursprung, lassen Sie Ihre Empfindungen von diesem Urprinzip lenken, dann sind Sie zur Kommunikation mit allem Lebendigen fähig. Über diese kosmische Urkraft gelingt es, eine Zwiesprache mit dem lebenden Baum zu führen. Natürlich können Sie mit einem Baum sprechen, aber seine Antwort können Sie auf keinem Tonband festhalten. Es kann keine Kommunikation von Persönlichkeit zu Persönlichkeit sein, wozu nur Menschen untereinander fähig sind, denn Bäume haben keine individuelle Persönlichkeitsstruktur. Anders als beim Menschen befindet sich im einzelnen Baum kein organisches Zentrum, das ein eigenständiges Ego erwarten ließe. Pflanzen und Bäume befinden sich sozusagen noch im Paradies, sie erleben sich nicht als selbständig handelnde Individuen mit persönlichen Ge-

fühlen und Leidenschaften wie Freude, Zorn oder Angst. Sie werden niemals einem schlecht gelaunten oder bösen Baum begegnen. Diese Unterscheidungsfähigkeit zwischen Gut und Böse ist uns Menschen vorbehalten. Bäume haben vielleicht eine andere Art von Individualität erreicht als die, welche wir verstehen können.

Der einzelne Baum mit seinen individuellen Merkmalen fügt sich immer harmonisch in die Gemeinschaft aller Bäume ein. Mit ihren Körpern stehen Bäume zwar einzeln in der stofflichen, wahrnehmbaren Welt der Materie, aber mit ihrem Geist und ihrer Seele bleiben sie ins Kollektiv eingebunden. Deshalb wird man im einzelnen Exemplar vergeblich nach Geist und Seele suchen. Geist und Seele von Bäumen stellen eine kollektive Informationsquelle dar, die alles für den Lebensprozeß dieser Art nötige Wissen gespeichert hat. Diese Quelle bewahrt die Informationen des Entstehens, des Wachsens, des Fortpflanzens, des Vergehens einer Baumart. Sie hat Teil an den kosmischen Kräften des Universums, der Gestirne, der Jahreszeiten, der Wandlungen. Die Chinesen nennen das Wirken dieser Kräfte das »Qi der Sonne«, das »Qi des Mondes«, das »Qi der Baumarten«, das »Qi der Jahreszeiten« usw. Die Indianer Nord- und Südamerikas sprechen einfach vom »Geist« der Bäume. Die Aborigines, die Ureinwohner Australiens, haben in ihrer »Traumzeit« Zugang zu diesen ätherischen Kräften und treten mit dem Geist der jeweiligen Art in Beziehung. Das Wissen um diese Kollektivseele brachte viele rituelle Handlungen hervor. Mußte doch der Geist besänftigt werden, wenn einer seiner Bäume gefällt wurde. Wie immer diese Kollektivseelen genannt werden, »Astralkräfte«, »ätherische Kräfte« oder »Bildekräfte«, wie Rudolf Steiner sie zu nennen pflegte, allen ist die Vorstellung gemeinsam, daß der Geist einer Art nicht in einem einzelnen Baum inkarniert ist, sich nicht mit der Materie eines einzelnen Exemplars verbunden hat.

Kräuterkundige hellsichtige Menschen berichten von Begegnungen mit den Geistwesen von Pflanzen bzw. Bäumen, die »Deva« genannt werden. *deva*, ein Wort aus dem Sanskrit, bedeutet »strahlend, leuchtend«, im weitesten Sinn »göttlich«. Wie kann es geschehen, daß diese Naturseelen in der Materie sichtbar werden, wenn auch nur kurzfristig und für wenige Menschen? – Wie der Duft einer Blume einen Schmetterling anzieht, so zieht die liebevolle Hingabe eines Menschen an die Natur eine Baumseele in einen für das menschliche Auge sichtbaren Bereich. Erst durch die menschliche Aufmerksamkeit entsteht diese freundschaftliche Beziehung, die es der Deva ermöglicht, kurzfristig durch einen grobstofflichen Körper in Erscheinung zu treten. Ihr Körper entsteht und wird sichtbar durch den, der die Pflanze bzw. den Baum betrachtet. Devas sind immer vorhanden als geistige Wesen, vielleicht bei den Sternen im Universum. Aber sichtbar werden sie erst durch die Schöpfungsenergie feinfühlender Menschen, die offen sind für solche Erfahrungen. Die für das Auge wahrnehmbare Erscheinungsform der Deva wird geformt von ätherischen Kräften und gefiltert durch den Erfahrungsschatz des Betrachters. Jede Baumgattung wird in ihrem Entstehen und Vergehen von einer eigenen Deva geleitet, welche die Formenvielfalt einer bestimmten Baumart prägt. Die Deva wohnt aber nicht in der jeweiligen Pflanze oder dem jeweiligen Baum, sie ist nicht mit diesem identisch. Wenn Sie einen Baum berühren, ihm mit entspannter Offenheit begegnen, kann es sein, daß Sie mit dem jeweiligen Baum kommunizieren oder daß Sie durch den Baum mit dem Geist der Art, mit der Deva, in Kontakt treten. Ob Baum oder Deva – beides erleben Sie über die energetischen Kommunikationspunkte des Organismus.

Energetische Kommunikationspunkte des menschlichen Körpers

Wenn Sie Ihre Handflächen betrachten und eine lockere Faust machen, liegt auf beiden Handinnenflächen zwischen der Fingerkuppe des Mittelfingers und des Ringfingers der Punkt *Lao Gong*, der »Palast der Mühen« (siehe Abb. 2, KS 8 am Kreislaufmeridian). Dies ist ein wichtiger Punkt in der traditionellen chinesischen Medizin – und im Qi Gong ebenso –, weil Sie durch ihn Qi so-

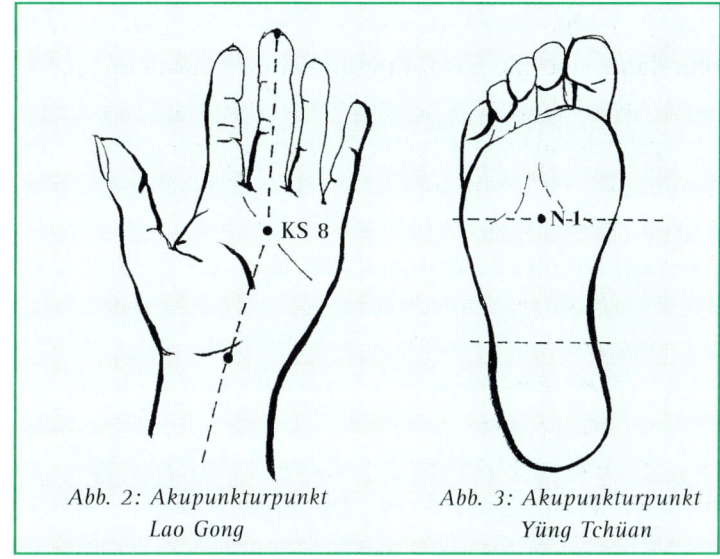

Abb. 2: Akupunkturpunkt *Lao Gong*   Abb. 3: Akupunkturpunkt *Yüng Tchüan*

wohl aufnehmen als auch abgeben können – Sie kommunizieren durch Lao Gong energetisch. (Hier werden nur die für das Baum-Qi-Gong wesentlichen Punkte angeführt. Falls Sie sich eingehender mit diesem Thema beschäftigen möchten, erhalten Sie eine Fülle von weiterführender Literatur bei Ihrem Buchhändler.) Im täglichen Leben werden diese Punkte aktiviert, wenn Sie einem Freund begegnen, ihm die Hände entgegenstrecken, ihn umarmen. Wenn Sie einem Kind tröstend über den Kopf streichen, es bei der Hand nehmen … immer wird über Ihre freudige Zustimmung Qi aus diesen beiden Punkten in der Hand auf Ihr Gegenüber übertragen.

An der Grenze vom vorderen zum mittleren Drittel der Fußsohle treffen Sie auf den Anfangspunkt des Nierenmeridians (N 1). Wenn Sie die Zehen anziehen und die Fußmuskulatur anspannen (der Fuß krümmt sich nach unten), liegt er in der Vertiefung im vorderen Drittel der Fußsohle (siehe Abb. 3). Die Chinesen nennen ihn *Yüng Tchüan,* »sprudelnde Quelle«. Auch dieser Punkt ermöglicht es uns, Qi aufzunehmen und abzugeben, und zwar nehmen wir durch Yüng Tchüan Energie aus unserer Umwelt auf bzw. geben durch diesen Punkt verbrauchte Energie ab. Durch den Punkt Lao Gong hingegen stehen wir vor allem in energetischem Austausch mit anderen Lebewesen. Das ist durchaus logisch, weil wir mit unseren Händen berühren, greifen, während wir mit unseren Füßen auf der Erde stehen. Wer lange Qi Gong geübt hat und seinen Atem von der Funktion der Lungen lösen kann, erreicht einen meditativen Zustand, in dem er mit den Handflächen und den Fußsohlen durch diese Punkte »atmen« kann. Die Punkte KS 8 und N 1 kommen auch bei einer Zwiesprache mit dem Baum zum

Einsatz, und wenn Ihnen das Atmen auch nicht gleich gelingt, allein die Vorstellung, sich immer wieder an diesen Punkten zu öffnen und zu sammeln, fördert den Qi-Fluß.

Die drei Dantian empfangen das Qi der Bäume

Alle drei Dantian (sei es das Obere, das Mittlere oder das Untere Dantian) sind feinstoffliche Energiezentren, die man sich als »Energiebälle« vorstellen kann und in denen sich die biophysischen Strukturen des menschlichen Körpers und die psychische Energie von Seele und Geist verbinden und einen Energieaustausch mit der Umgebung ermöglichen. Wenn Sie Ihre Augenbrauen an ihrem höchsten Punkt durch eine Linie verbinden, finden Sie in der Mitte den Akupunkturpunkt *Yin Tang,* »die Stirnlinie«; etwa einen Fingerbreit darüber liegt ein weiterer Punkt, *E Zhong,* »die Stirnmitte«. In der Mitte der Stirn, nahe dem Haaransatz befindet sich *Shen Ting,* »der göttliche Hof« (LG 23), und einen Fingerbreit über dem natürlichen Haaransatz, *Shang Xing,* »der obere Stern« (LG 22). Knapp vor dem höchsten Punkt des Schädels liegt der Punkt *Bai Hui,* »der hundertfache Sammler« (LG 19) genannt.

Diese Punkte gehören zum sogenannten »Oberen Dantian«, das sich im oberen Bereich des Kopfes befindet (siehe Abb. 4). In der archaischen Vorstellung der Chinesen (Aufzeichnungen aus der Han-Dynastie um 200 n.Chr.) besteht es aus neun verschiedenen Räumen, Palästen, Höfen und Kammern mit mystischen Zuordnungen, die man teilweise mit heute bekannten Gehirnfunktionen in Zusammenhang bringen kann. Über die »Halle des Lichtes«, *Ming Tang* (so wird der gesamte Raum auf der Stirn zwischen den Augenbrauen genannt), hat man Zugang zum Oberen Dantian. In der westlichen esoterischen Literatur nennt man das Zentrum dieses Raumes »Drittes Auge«. Mir gefällt die Bezeichnung »Stirnauge« besser.

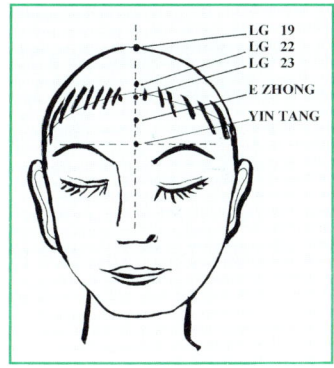

Abb. 4: Oberes Dantian

Außerdem gibt es nach chinesischer Vorstellung das »Mittlere Dantian«. Es liegt im Brustbereich (siehe Abb. 5). An der Stelle, wo eine gedachte Linie, die beide Brustwarzen verbindet, auf das Brustbein trifft, liegt der Punkt *Tan Zhong*, die »Brustmitte«, der Vereinigungspunkt der Atemenergie (KG 17); hier kreuzen sich Meridiane, die mit der Energie des Atems in Zusammenhang stehen.

Die Chinesen nennen den Bereich um den Nabel das »Untere Dantian« (siehe Abb. 5). Dieses Zentrum unserer Qi-Existenz aber befindet sich etwa zwei Fingerbreite unterhalb des Nabels. Sein bedeutungsvoller Name ist *Qi Hai*, »Meer der Energie« (KG 6). Nicht umsonst wird dieser Ort im Organismus in den medizinischen Schriften als »Lebenszentrum« bezeichnet. Durch die Nabelschnur wurde der embryonale Körper des Ungeborenen im Mutterleib ernährt, während er aus der Eizelle über verschiedene Stadien bis zu seiner fertigen Form heranwuchs. Die Erinnerung an diese Entwicklung ist in jedem Körper bis in die letzte Zelle erhalten.

Ein wichtiger Punkt auf der Wirbelsäule in Höhe der Taille, auf der Rückseite des Unteren Dantian ist der Punkt *Ming Men*, auch »Pforte des Geschicks« oder »Lebenstor« genannt. Die traditionelle chinesische Medizin hat die Vorstellung, daß dieser Punkt über den Energieausgleich beider Nieren herrscht und weiter über unser Lebens-Qi. Das Untere Dantian dehnt sich im Körper bis zu diesem Punkt der Wirbelsäule aus – eine, auch anatomisch gesehen, interessante Stelle, weil dort das Zwerchfell an der Wirbelsäule angewachsen und so der Punkt *Ming Men* in den Atemrhythmus miteinbezogen ist.

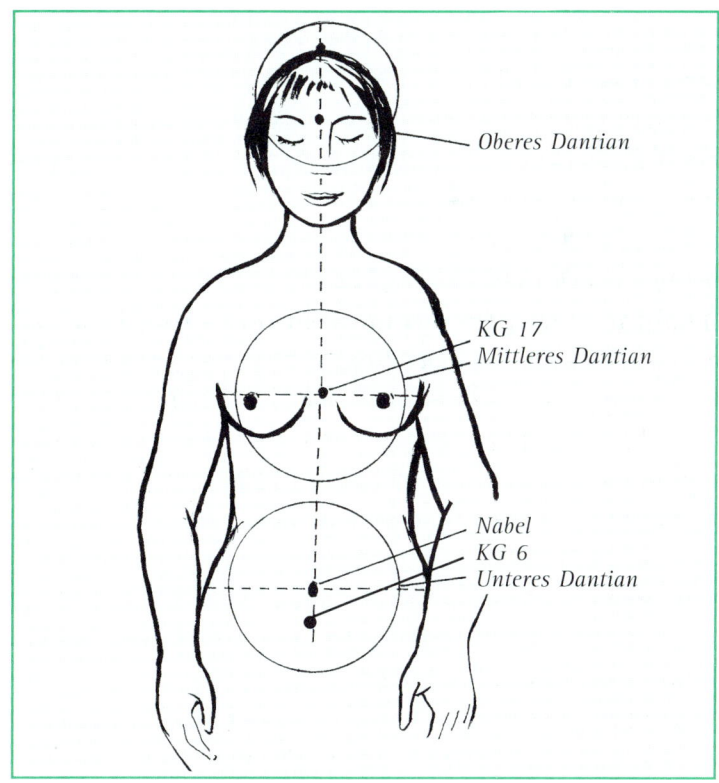

Abb. 5: Die drei Dantian

Die Chakren – Orte feinstofflicher Schwingung

Um Ihr Verständnis der drei Dantian zu vertiefen, möchte ich sie mit den Chakren vergleichen. Chakren sind ebenfalls bestimmte Punkte im feinstofflichen Körper, wirbelnde Energiezentren, die Sie sich als unsichtbare Augen vorstellen können, durch die eine Beziehung zu einer unsichtbaren Welt besteht. Es ist nicht erstaunlich, daß sie an den gleichen Stellen des grobstofflichen Körpers liegen wie die Dantian der Chinesen; sie sind aber nicht mit den Organen, die in diesen Bereichen liegen, gleichzusetzen.

Die Angaben über die Anzahl der Chakren sind in der Literatur unterschiedlich, je nachdem aus welcher spirituellen Tradition die Information stammt. In der westlichen Literatur werden im allgemeinen sieben Hauptchakren und einige Nebenchakren genannt. Der tibetische Buddhismus kennt fünf Chakren. Er vereinigt das Wurzel- mit dem Kundalinichakra und das Stirnchakra mit dem Scheitelchakra. Jedes Chakra wird symbolisch als Lotosblüte dargestellt. Der Lotos ist eine Pflanze, ähnlich einer Seerose, die aus der Dunkelheit des Seegrundes durch die schlammigen Schichten emporwächst und sich dem Licht entgegendrängt. Die Blütenblätter des Lotos sind Symbole für die Entfaltung der Persönlichkeit und das sich erweiternde Bewußtsein. Die Anzahl der Blütenblätter steht für die Schwingungsfrequenz der einzelnen Chakren, die sich auch in den den Chakren zugeordneten Farben zeigt, und

gibt Hinweise auf die Entwicklung einer bestimmten geistigen Haltung. Der Weg der Entfaltung bzw. der Erleuchtung geht vom vierblättrigen Lotos des Wurzelchakras bis zum tausendblättrigen Lotos des Scheitelchakras.

Wenn wir mit diesen Zentren arbeiten, ist es nicht wesentlich, ob dieser Bereich der Stirn nun »Stirnchakra«, »Stirnauge« oder »Oberes Dantian« genannt wird. Ort und Funktion sind identisch. Auch wenn Sie noch nie Baum-Qi-Gong gemacht haben, ist Ihre (vielleicht unbewußte) Empfindungsfähigkeit an dieser Stelle größer als an anderen Stellen des Körpers. Dies ist der Bereich, den Sie mit Ihrer inneren Aufmerksamkeit vermehrt durchfluten und öffnen, um das Qi eines Baumes zu erhalten. Das geschieht, indem Sie nach den Entspannungsübungen Ihre Stirn leicht an den Baum drücken und so einen intensiven Kontakt mit dem Baum herstellen.

Sie schließen diese Stelle, indem Sie die Handflächen auf Ihre Stirn legen (siehe Abb. 14a, S. 42, und 15). Etwas Ähnliches machen Sie im Alltag instinktiv, wenn Sie müde sind oder intensiv über ein Problem nachgrübeln: Sie legen den Kopf in Ihre geöffneten Hände. Betrachten Sie diese Haltung unter dem Aspekt des Qi-Flusses: Auf diese Art verbindet sich der Punkt *Lao Gong* im Handteller mit dem Oberen Dantian. Der Qi-Fluß wird kurzgeschlossen, und so schützen Sie sich unbewußt vor störenden Einflüssen. Ähnliches erreichen sensible Erwachsene oder Kleinkinder, wenn sie im Schlaf eine Hand auf ihre Stirn legen oder ihren Kopf im Kissen vergraben.

So finden Sie Ihren Baum

Die Eigenschaften des idealen Baums

Wenn Sie unbeschwert in einer schönen Landschaft spazierengehen, betrachten Sie bestimmt gern Bäume, bleiben, ohne viel zu denken, einmal bei diesem und ein andermal bei jenem schönen, stattlichen Baum stehen. Nach einer Wanderung suchen Sie vielleicht unter einer breiten Baumkrone einen Platz für die Mittagsrast, weil Sie das Gefühl haben, dieser Baum hätte Sie direkt zum Rasten eingeladen. Nach welchen Kriterien aber suchen Sie sich einen Baum aus, um Baum-Qi-Gong zu machen?

Sie gehen in die freie Natur: Zwischen Wiesen und Feldern, wo Büsche und Bäume stehen, oder in Gegenden, wo sich Wälder und Waldlichtungen abwechseln, ist sicherlich der richtige Baum zu finden. Vom Weg aus schweift Ihr Blick über all die Bäume und bleibt meist an einem besonders schönen Exemplar hängen. Sie fragen sich, ob dieser Baum für Baum-Qi-Gong geeignet ist? Ein großer, alter Baum hat viel Qi und ist für Baum-Qi-Gong sicher richtig. Leider kommt es immer wieder vor, daß gerade die schönsten und prächtigsten Exemplare dort ste-

hen, wo sie nur sehr schwer zu erreichen sind oder wo um ihren Stamm herum kaum Platz zum Stehen ist. Einen solchen Baum werden Sie nicht auswählen, denn Sie müssen bei Ihrem Baum einen geschützten und vor allem genügend Platz zur Verfügung haben. Bäume, die nahe am Wegrand wachsen, kommen auch nicht in Frage, denn an schönen Tagen gehen viele Menschen vorbei und ihre neugierigen Blicke können, ohne daß diese es vermuten, eine empfindliche Störung sein. Die meisten Spaziergänger spüren zwar, daß hier etwas geschieht, können es aber nicht richtig deuten, und wenn Sie sich entspannt an den Baum lehnen, kommt vielleicht jemand hilfsbereit gelaufen und erkundigt sich, ob Ihnen übel ist.

So wird die Zahl der in Frage kommenden Exemplare durch den Standort bereits eingeschränkt. Nicht geeignet sind außerdem Bäume, die stark von Schädlingen befallen sind, die offensichtlich nicht gesund aussehen, die viele abgestorbene Äste aufweisen, deren Blätter oder Nadeln nur mehr schütter vorhanden sind. Das gleiche gilt für stark verkrüppelte Bäume oder solche, deren Stamm mehrmals gewunden ist oder die tiefe Verletzungen haben. Wenn Sie vermuten, daß ein Baum auf einer geomantischen Störzone steht, ist es besser, ihn zu meiden. Handelt es sich aber um einen trotzdem schön gewachsenen, starken Baum, der sich in Harmonie mit der Schwingung seines Standortes befindet, dann können Sie auch sein harmonisches Qi nutzen. Sie können daraus, wie ausladend eine Baumkrone ist, auf die Ausdehnung der Wurzeln eines Baumes schließen. Ebenso können Sie von dem Erscheinungsbild des gesamten Baumes auf dessen Energiekörper Rückschlüsse ziehen. Ein gesunder, großer alter Baum hat ein starkes, weit ausladendes Energiefeld. Junge Bäume, deren Stamm Sie noch leicht mit beiden Händen umfassen können, haben weitaus weniger Qi als großgewachsene, alte Bäume.

Wenn Sie die Wahl haben, sollten Sie Bäumen, die einzeln oder in kleinen Gruppen stehen, den Vorzug geben. Steht ein Baum inmitten einer großen Baumgruppe, z.B. im Wald, ist sein Qi stark mit dem seiner Nachbarn verwoben, was die Kontaktaufnahme mit ihm erschwert. Bäume, die an besonderen Plätzen wachsen, vielleicht neben einem Kirchlein, bei einer Kapelle oder einem Wegkreuz, haben meist genug Raum, Sonne und Boden, um sich voll zu entwickeln. Entsprechend kraftvoll ist auch ihr Qi-Leib. Ähnliches gilt für Bäume, die von Menschen gepflanzt und von diesen gepflegt wurden. Es hat sich im Laufe der Zeit die Erfahrung herauskristallisiert, daß sich zu Bäumen, deren Standort sich in der Nähe von Menschen befindet, leichter eine Verbindung herstellen läßt als zu einem Baum, der in einsamer, unwegsamer Gegend normalerweise nur von Tieren aufgesucht wird. Offenbar gibt es auch bei Bäumen so etwas Ähnliches wie einen Gewöhnungseffekt. Je öfter sie die Annäherung von Menschen erfahren haben, desto leichter öffnen sie sich für eine Zwiesprache. Es hat auch den Anschein, daß Menschen und Ereignisse im Laufe der Zeit an und um die Bäume feinstoffliche Spuren hinterlassen. Wenn Sie einen solchen Baum für Baum-Qi-Gong aufsuchen und in eine sehr feinfühlige Stimmung kommen, kann es sein, daß sich Begebenheiten aus vergangenen Zeiten mit Bildern und Gefühlen in Ihr Bewußtsein drängen. Wenn Sie diese Gefühle mit Abstand erleben, ohne starke Gefühlsregungen, behindert das wohl nicht die Qi-Aufnahme, unbedingt angestrebt wird ein solcher Zustand aber nicht.

Der ideale Baum für Baum-Qi-Gong:

- hat einen schönen, festen Stamm und eine weit ausladende Krone;
- gesunde Belaubung;
- steht an einem leicht zugänglichen Ort;
- hat einen ebenen Platz beim Stamm;
- ist vor neugierigen Blicken geschützt;
- steht allein oder in einer kleinen Baumgruppe;
- ist dem Besucher sympathisch.

Intuition und Körperempfindungen

Alle Baumarten, wilde wie kultivierte, die Sie in Garten, Wald und Flur antreffen, können Sie für Ding Shu Gong aufsuchen, wenn sie Ihnen angenehm sind. Schon der Anblick des Baums sollte Ihnen gefallen. Auch wohl fühlen sollten Sie sich unter dem Baum. Mit einem Wort: Der Baum sollte Ihnen sympathisch sein. Diese Sympathie oder Ablehnung ist sehr individuell und kann sich auch je nach Ihrer Tagesverfassung ändern. Es ist sehr wichtig, und es ist auch ein Teil des Lernprozesses bei Qi-Gong-Übungen, diese Körperreaktionen und emotionalen Signale zu erkennen und zu berücksichtigen. Solange Sie sich bei einem Baum wohl fühlen, können Sie, ohne Schaden zu nehmen, verweilen. Wenn Sie zweifeln, ob der Baum für Sie der Richtige ist, und nicht sofort zu einer Entscheidung kommen können, setzen Sie sich eine Weile ruhig unter den Baum. Lassen Sie sich Zeit, dann spüren Sie sicher, was Ihnen guttut. Nehmen Sie eine unangenehme Stimmung oder körperliches Unbehagen wahr, beenden Sie frühzeitig die Zwiesprache mit dem Baum, oder beginnen Sie besser erst gar nicht. Es ist auch möglich, daß ein Baum einmal zu Ihrer Körperverfassung und Ihren Gefühlen gar nicht paßt und Ihnen ein anderes Mal unter anderen Körperbedingungen wohltut. Man sollte nicht verallgemeinernd von einem nicht gut gelungenen persönlichen Erlebnis mit einem Baum darauf schließen, daß diese Baumart für alle Menschen nicht angenehm oder vielleicht sogar schädlich ist. Diese Bewertungen kommen leider vor und sind genauso falsch, wie wenn Sie Ihre Erfahrung, die Sie mit einer Diät gemacht haben, für alle Menschen verbindlich machen wollten.

Tips zur Kleidung

Natürlich kleiden Sie sich der Jahreszeit und der Witterung angemessen. Sie sollten weder frieren noch schwitzen. Tragen Sie bequeme und lockere Kleidung, die Ihren Körper nicht einschnürt und Ihre Bewegungen nicht einengt. Wenn das Wetter heiter ist und der Erdboden warm, ist es am angenehmsten, barfuß vor dem Baum zu stehen. Allerdings mag es nicht jedermanns Sache sein, mit den vielen kleinen Käfern und Ameisen Bekanntschaft zu machen, die gerade dort, wo Sie stehen möchten, ihr Wohnrecht haben. Ersuchen Sie in diesem Fall den Geist der Tierchen um eine kurze Zeit zum ungestörten Stehen auf dem Boden. Bitten Sie freundlich, aber bestimmt darum, dann bekommen Sie Ihren Wunsch meist erfüllt. Wollen Sie vor unerwünschten Besuchern auf Ihren Füßen ganz sicher sein, ziehen Sie doch besser Schuhe an. Auch hier gilt: Bequem sollten diese sein, vor allem flach, damit die Lendenwirbelsäule gerade bleibt, sonst ist der Qi-Fluß blockiert. Ihre Füße sollten möglichst viel Kontakt zur Erde haben. Tragen Sie keine Gummistiefel oder Schuhe mit einer dicken Kunststoffsohle. Da Sie Ihren Kopf mit der Stirn an den Baum lehnen werden, benötigen Sie etwas, das Sie zwischen Baumrinde und Stirn legen können. Hier haben sich Stirnbänder, wie sie beim Sport getragen werden, bestens bewährt. Nur zu eng sollten sie nicht sein. Sie können sich auch mit einem zusammengefalteten Tuch oder einem leichten Schal behelfen. Unterschätzen Sie auch eine glatte Baumrinde nicht. Die Haut auf Ihrer Stirn ist auf jeden Fall zarter.

DIE ERFAHRUNG DES DING SHU GONG

Dem Qi des Baums begegnen

Bei der Auswahl des Baums richten Sie sich nach Ihren persönlichen Gefühlen und lassen sich nicht von Ihren Kenntnissen und Überlegungen in der Form beeinflussen, daß Sie einen Baum auswählen, von dem Sie denken, daß er Ihnen guttut, wenn Ihre Gefühle dem widersprechen. Ihre Gefühle kennen Ihren Biorhythmus besser als Ihr Verstand und vermitteln Ihnen, in welchem energetischen Zustand sich Ihr Körper im Moment befindet und welche Energien Sie als Ausgleich oder zum Aufbau brauchen.

Haben Sie einen Baum gefunden, der für Sie eine angenehme Ausstrahlung besitzt, der Ihnen gefällt und Wohlbehagen bereitet, gehen Sie ein oder mehrmals um den Baum herum, betrachten Sie seine Rinde, berühren sie mit den Fingern, lassen ihren Geruch in Ihre Nase steigen. Mit den Augen wandern Sie den Stamm hinunter bis zu den Wurzeln und verfolgen diese, bis sie im Erdreich verschwinden. Ihr Blick gleitet den Stamm hinauf in die Krone, die dicken Äste entlang, folgt deren Verzweigungen. Ist der Baum groß, ragt er hoch in den Himmel hin-

ein, wie z.B. eine stattliche Fichte, dann ziehen Sie mit Ihren Blicken Ihre Wahrnehmung bis hoch in seinen Wipfel. Mit allen Sinnen erschauen, erspüren und erfühlen Sie den Körper des Baums. So wird Ihr Geist ruhig, und Ihre Gefühle pendeln sich zu einer erwartungslosen Offenheit ein. Es ist wichtig, sich nicht selbst mit einer übergroßen Erwartung unter Druck zu setzen. Ein bestimmtes Erlebnis herbeizuwünschen oder vom Baum zu fordern ist nicht der richtige Weg. Ein Baum ist ein lebendiger Teil der Schöpfung, und wenn Sie sich ihm nähern, sollte das von Achtung getragen sein. Suchen Sie zum Stehen einen geeigneten Platz nahe am Stamm. Ein ebener Platz wäre wünschenswert, damit Ihre Füße einen guten Stand haben und nicht wegrutschen und Ihre Beine nicht ungleich belastet sind, was zu Verspannungen führt.

Der Stamm eines Baumes sieht nicht von allen Seiten gleich aus, er ist an einer Seite oft stärker von Wind und Regen gezeichnet; der Stamm kann schief in der Erde stehen, die Äste können in unterschiedlicher Höhe aus dem Stamm herauswachsen ... Wenn Sie aufmerksam alle Einzelheiten auf sich wirken lassen, erkennen Sie plötzlich eine Stelle am Stamm, zu der Sie sich besonders hingezogen fühlen, als würde der Baum dort von sich aus offen oder zugänglich sein. In der chinesischen Vorstellung hat der Baum dort sein Gesicht, seine Nase. An diesen Platz stellen Sie sich mit dem Rücken zum Baum. Mit den nun folgenden Übungen, die Ihren Körper entspannen und empfänglich machen sollen für das Qi des Baums, treten Sie bereits in den Lebenskreis des Baums ein. Sie begrüßen den Baum und lassen ihm Zeit, sich an Ihre Anwesenheit zu gewöhnen. Um Ihren Körper für das Qi des Baums zu öffnen, haben die Chinesen folgende Übungen überliefert.

Die Entspannungsübungen

Sie sollten bei den nun folgenden »Entspannungsübungen« nicht nur im Körper, sondern auch im Geist loslassen. Entspannt im Körper und leer im Geist zu sein ist die Voraussetzung, damit das Qi des Baums in den Körper wie in ein Gefäß einfließen kann. Sie wissen, wenn ein Gefäß voll ist, können Sie es auch mit der kostbarsten Substanz nicht weiter füllen. Betrachten Sie den Menschen mit seinem physischen und psychischen Leib als Gefäß, dann wird verständlich, daß Sie ihn aufnahmebereit, also »leer« machen müssen. »leer« dürfen Sie an dieser Stelle nicht als schlaff, kraftlos verstehen. »leer« soll heißen: ohne körperliche Verkrampfung und Verspannung, ohne Unruhe und emotionalen Streß. Dann ist Raum vorhanden, mit dem Qi des Baums zu kommunizieren. Diesen Raum schaffen Sie sich, indem Sie alles abgelagerte, verbrauchte Qi aus Ihrem Körper vertreiben, die Verspannungen lösen und im Geiste ruhig werden.

Es empfiehlt sich, die folgenden Bewegungen erst zu Hause zu üben, um sie dann – aus dem Gedächtnis – mit dem Rücken zu dem von Ihnen gewählten Baum auszuführen. Die folgenden Entspannungsübungen lockern Sie vom Kopf abwärts bis zu den Fußgelenken.

Wichtig: Bei allen in diesem Buch beschriebenen Bewegungen sollten Sie Ihre körperliche Verfassung nicht aus den Augen verlieren. Keine Bewegung darf Schmerzen erzeugen. Vorsicht geboten ist bei Abnützungserscheinungen im Bereich der Wirbelsäule, besonders der Halswirbelsäule, bei Schwindel und veränderten Blutdruckwerten. In solchen Fällen wäre eine medizinische Beratung zu empfehlen.

Die Grundhaltung:
Stehen wie eine Kiefer

In China ist die Kiefer Sinnbild für ein langes Leben und einen geraden, aufrechten Charakter. In der Botanik wird sie zu den Koniferen gezählt. Koniferen gehören zu den Urahnen der Baumwelt. Sie keimen, wachsen, tragen Früchte – und das tun Sie länger, als wir uns vorstellen können. In den Vereinigten Staaten sind einige Koniferen bekannt, die älter als 4700 Jahre sind. Als deren Samenkorn in der Erde keimte und wurzelte, arbeiteten die Ägypter am Bau der großen Pyramiden. In Tasmanien wurde 1985 der älteste bekannte Baumkörper der Welt, ein Nadelgehölz aus der Familie der *Bodocarpaceae*, (*Dacrydium franklini*) entdeckt. Das Alter dieses Baumgiganten wird auf mehr als 10 500 Jahre geschätzt. Wissenschaftler haben in einem nahegelegenen See Pollenstaub des Riesen entdeckt, der sich dort Jahrhundert für Jahrhundert abgelagert hatte, und diesen konnte man auf 10 500 Jahre zurückdatieren. Mit seinen Ausmaßen übertrifft dieses Exemplar jede Vorstellung, die wir von Bäumen haben. Wegen ihrer Langlebigkeit wurde die Kiefer von den Chinesen als Symbol für die ruhige Grundhaltung ausgewählt. Aber auch weil dieser Baum oft in exponierten Lagen stolz und stark wilden Stürmen trotzt und mit seinem geraden Stamm unbeirrbare Festigkeit zeigt.

Unter der Bezeichnung »Stehen wie ein Kranich« ist diese Stellung ebenfalls bekannt. Der Vogel, der mit einem Bein sehr lange und sehr ruhig auf einem Platz stehen und sich trotzdem jeden Augenblick leicht wie eine Feder in die Lüfte erheben kann.

Wählen Sie das Bild, welches Ihnen vom Gefühl her mehr zusagt, und behalten Sie es, während Sie üben, im Gedächtnis. Sie stehen mit Ihren Füßen fest am Boden. Der Abstand der Füße ist etwa schulterbreit. Die Füße sind parallel, das Körpergewicht ist gleichmäßig auf beide Beine verteilt. Zehen und Fersen sind gleichermaßen belastet. Kontrollieren Sie dies, indem Sie sich einmal weit nach vorn lehnen, so weit es gerade noch geht, ohne umzufallen. Dabei ist Ihr Gewicht auf den Zehen. Nun lehnen Sie sich einmal weit zurück, dann ist Ihr Gewicht größtenteils auf den Fersen. Suchen Sie jetzt, indem Sie leicht nach vorn und zurück schwanken, eine gleichmäßige Gewichtsverteilung, bei der Füße und Beine entspannt bleiben. In Ihrer Vorstellung reichen Ihre Füße weit in den Boden hinein, sind tief im Erdreich verwurzelt. Sie haben das Gefühl, aus der Erde zu wachsen. Ihre Knie sind leicht gebeugt und locker. Ihr Becken ist nach vorn gekippt. Stehen Sie korrekt, so können Sie in

die Leiste (an der Stelle, wo Unterbauch und Oberschenkel aufeinandertreffen) leicht mit den Fingern hineindrücken. Stehen Sie zu weit nach hinten gelehnt, was anfangs oft vorkommt, so spüren Sie eine Spannung in den Oberschenkeln und tasten mit Ihren Fingern einen stärkeren Widerstand in der Leiste. Die Lendenwirbelsäule sollte gerade sein, so daß Qi die Wirbelsäule ohne Blockade durchfließen kann und Sie ohne Kraftaufwand lange stehen bleiben können. Ihre Schultern sind entspannt. Das erreichen Sie am besten, wenn Sie Ihre Schultern einmal kräftig hochziehen und anspannen, dann loslassen und in dieser gelockerten Haltung bleiben. Ihre Arme hängen seitlich am Körper, von ihrem eigenen Gewicht hinuntergezogen. In Ihren Achselhöhlen ist Platz für je einen kleinen Ping-Pong-Ball. Drehen Sie mit herabhängenden Armen Ihre Handflächen nach hinten. Merken Sie, wie Platz in den Achseln entsteht? Wenn die Oberarme fest an

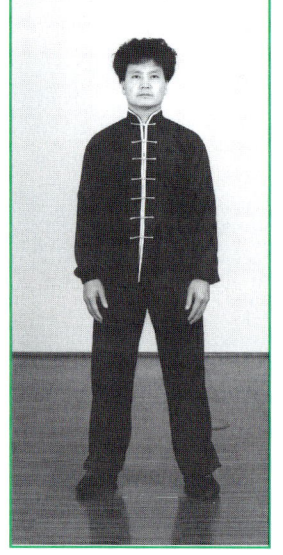

den Körper gepreßt sind, kann Qi von der Brust nicht über die Innenarme fließen. Ihre Augen schauen geradeaus, das Kinn ist leicht angezogen, dadurch ist Ihr Nacken gestreckt, aber nicht verkrampft, und der Qi-Fluß kann Ihren Kopf erreichen. In Ihrer Vorstellung ist Ihr Kopf wie an einem Faden im Himmel aufgehängt, so ist er fast schwerelos.

Von den Füßen aufwärts bis zur Taille ist Ihr Körper fest und stark wie ein Stamm, von der Körpermitte bis zum Kopf leicht und beweglich wie feine Zweige im Wind. Ihr Kopf

Abb. 6: Meister Chen Shi Hong in der Grundhaltung: Stehen wie eine Kiefer

reicht in den Himmel, die Füße in die Erde. Sie stehen ruhig und entspannt, wie ein fester, alter Baum, der seine Wurzeln tief in die Erde gegraben und seine Krone weit hinauf in den Himmel gestreckt hat. Mit kleinen, sanften Bewegungen können Sie Ihre Haltung immer wieder korrigieren. Diese Haltung sollte Ihnen an keiner Stelle Ihres Körpers unangenehm werden oder gar Schmerzen bereiten. Schmerzen bedeuten, daß der Qi-Fluß

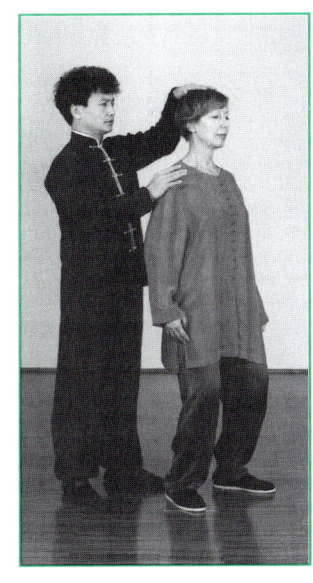

an den jeweiligen Stellen unterbrochen, eingeengt oder gestaut ist.

Kopf, Hals und Nacken entspannen

1. Den Kopf zur einen Seite drehen und wieder zurück in die Mitte, dann zur anderen Seite ... dreimal zu jeder Seite wiederholen (siehe Abb. 8). Dabei beachten Sie: beim Einatmen wird der Kopf zur Seite gedreht, die Halsmuskeln sind

Abb.7: Durch sanfte Korrektur verhilft Meister Chen Shi Hong zu einer entspannten Grundhaltung

angespannt; beim Ausatmen ist der Kopf in der Mitte, die Halsmuskeln sind entspannt. Der Schultergürtel macht die Drehbewegung nicht mit. Kopf und Hals drehen sich wie eine Schraube mit ihrem Gewinde in die Höhe, der Nacken ist immer gestreckt, aber nicht gespannt! Qi fließt ungehindert.

Wichtig: Die Halswirbelsäule ist aufgerichtet, das Kinn ist dabei leicht zur Brust gezogen (siehe Abb. 8).

2. Kinn nach vorn und zurück kreisen lassen – vertikale Kreise, dreimal in eine Richtung, dreimal in die andere Richtung (siehe Abb. 8).
Ihre Aufmerksamkeit ist auf die Kinnspitze gerichtet. Das Kinn wird nach vorn gestreckt. Danach bewegen Sie das Kinn in weitem Bogen nach unten zur Brust hin, der Nacken wird gestreckt. Der Kopf reckt sich nun; Ihre Schultern werden nach unten gedrückt, und der Kopf wird an Ihren Ohren sanft nach oben gezogen. Das Gesicht (mit dem Kinn) wird dann dem Himmel zugewandt, indem das Kinn nach vorn gestreckt wird – in

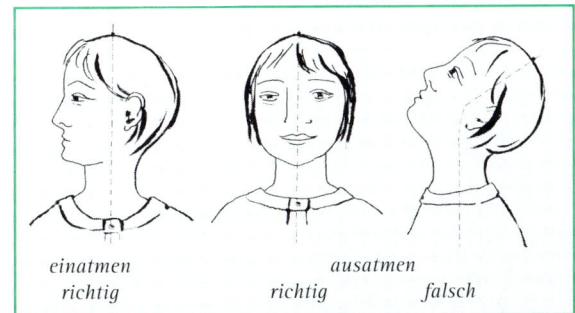

einatmen richtig — *ausatmen richtig* — *falsch*

Abb. 8: Kopf zur Seite drehen

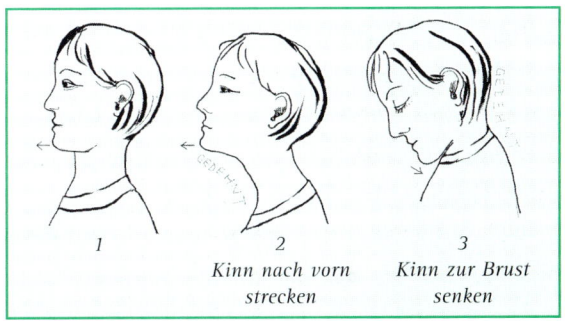

1 — *2 Kinn nach vorn strecken* — *3 Kinn zur Brust senken*

Abb. 9: Kinn kreisen lassen

weitem Bogen kommt es nach oben ... Ihr Kinn zeichnet einen Kreis in die Luft, indem es sich in großem Bogen von vorn, nach unten, nach hinten, nach oben und wieder nach vorn bewegt ... Andere Richtung nicht vergessen!

Schultergürtel lockern

1. Schultern, Ellbogen und Arme kreisen lassen: Linke Hand auf die rechte Schulter legen. Rechte Schulter in eine Richtung kreisen lassen ... Anfangs nur die Schulter, dann größere Kreise und den Ellbogen mitnehmen, dann Armkreisen mit immer größer werdenden Bewegungen, bis zuletzt die Fingerspitzen gestreckt werden. Andere Richtung nicht vergessen! Bewegung mit rechter Hand auf der linken Schulter wiederholen. Die Hand auf der Schulter unterstützt die Empfindung der Drehbewegung und Lockerung. Auch hier: dreimal in eine Richtung, dreimal in die entgegengesetzte Richtung.

2. Beide Arme gleichzeitig kreisen lassen: Arme vor dem Körper heben, nach oben führen bis ganz hoch in den Himmel; dabei Arme und Brustkorb öffnen, Arme in großer Kreisbewegung auf der Seite nach unten sinken lassen. Dreimal wiederholen.

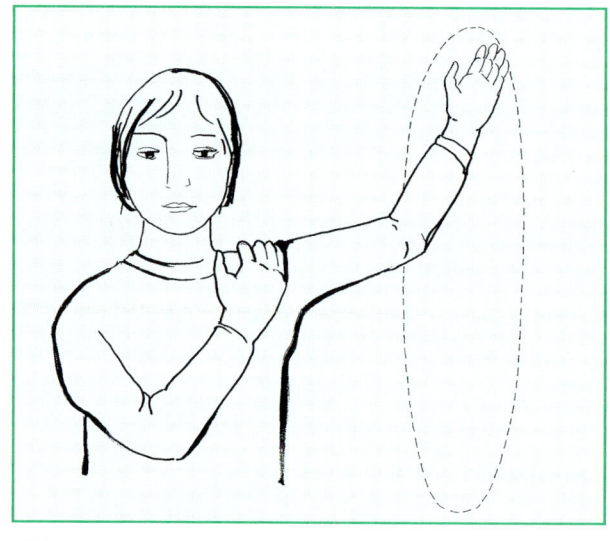

Abb. 10: Arme Kreisen lassen

Hüfte und Kreuzbein lockern

1. Hüftkreisen mit Betonung des Oberkörpers: Handflächen auf den unteren Rücken legen (kleine Finger jeweils links bzw. rechts neben der Wirbelsäule in Höhe der Taille, Fingerspitzen zeigen Richtung Boden); Hüfte kreisen lassen ... dreimal in eine Richtung, dreimal in die andere Richtung. Mit kleinen Kreisen beginnen, in sanften, weichen Bewegungen zu größeren steigern. Lockert Taille und Lendenwirbelsäule, aktiviert den Qi-Fluß im Nierenbereich.

2. Hüftgelenk, Knie- und Fußgelenke lockern: Beine in schulterbreitem Abstand. Gewicht auf rechtes Bein verlagern. Linkes Bein wird entspannt. Dabei Bein von der Hüfte abwärts lockern; mit dem Hüftgelenk beginnen, dann Kniegelenk, Fußgelenk. Lassen Sie Ihre Aufmerksamkeit in die Gelenkspalten wandern; dort ist viel Raum zwischen den Knochen. In Ihrer Vorstellung wird das linke Bein so lang, daß Sie Ihr Becken leicht nach rechts drehen müssen, um dem langen linken Bein Platz zu geben. Oberkörper und Schultergürtel drehen sich mit. Erst wenn Sie das Gefühl haben, daß Ihr linkes Bein nicht mehr länger werden kann, wechseln Sie, indem Sie Ihr Gewicht auf das linke Bein verlagern und das rechte Bein lang werden lassen. Bewegung dreimal wiederholen.

Knie und Fußgelenke lockern

1. Handflächen auf die Knie legen, leicht in die Hocke gehen und die Knie kreisen lassen. Augen schauen in einiger Entfernung vor Ihrem Körper zu Boden, nicht auf die Knie. Dreimal in eine Richtung, dreimal in die andere.
2. In der Grundhaltung Gewicht auf ein Bein verlagern. Den anderen Fuß heben und locker im Fußgelenk drehen. Hüfte und Knie machen die Bewegung nicht mit. Dreimal in eine Richtung, dreimal in die andere. Die Bewegungen mit dem anderen Fuß in jede Richtung dreimal wiederholen.

Die Wirbelsäule wie eine Schlange bewegen

Machen Sie diese Übung im Stehen, aber auch im Sitzen auf einem Hocker kann sie ausgeführt werden: Die Füße stehen schulterbreit auseinander, parallel, oder Zehen zeigen ein wenig nach außen. So stehen Sie entspannt, fest und locker zugleich. Sie gehen noch ein wenig tiefer in die Knie als sonst; nun lassen Sie Wellen in Ihrer Wirbelsäule nach oben laufen. Diese »Wellen« entstehen, indem sich Ihre Wirbelsäule sanft wellenförmig von vorn nach hinten bewegt. Die Wellenbewegung beginnt im Steißbein – Sie kippen das Becken nach hinten, dann nach vorn – und setzt sich am Rücken nach oben hin fort, bis sie am Schädeldach angekommen ist. Die Schultern hängen locker, der Kopf bewegt sich weich mit, und es entsteht die Empfin-

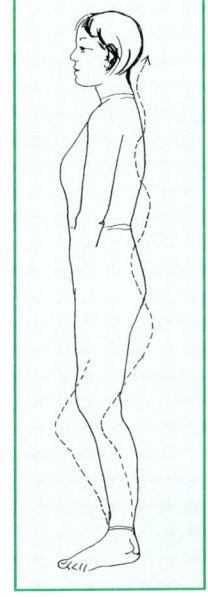

dung, daß sich die Wirbelsäule in Schlangenlinienform nach vorn und hinten bewegt. Die Hände schwingen leicht mit. Die Aufmerksamkeit ist stets auf die Wirbel gerichtet, die sich gerade bewegen. Oben angekommen – Ihre Knie sind nun gestreckt –, sinkt Ihre Aufmerksamkeit wieder in das Untere Dantian, wobei Sie erneut in die Knie gehen, um die schlangenförmige Bewegung im Steißbein entstehen zu lassen.

Dies ist keine leichte Übung: Beim Erlernen der Bewegung helfen Ihnen die Hände. Legen Sie eine Hand auf die Wirbelsäule und die andere auf die Vorderseite ihres Körpers. Ihre Hände wandern mit der Bewegung der Wirbelsäule vom Steißbein aufwärts, und Sie spüren, wie sich die Wirbelsäule in schlangenförmigen Bewegungen nach vorn und wieder zurück bewegt. Vermeiden Sie heftige, ruckartige Bewegungen, sie sollten vielmehr ohne Stillstand, sanft wie eine gleichmäßige Welle in der Wirbelsäule aufsteigen. Achten Sie darauf, daß sich am Ende der Bewegung Ihre Aufmerksamkeit wieder im Unteren Dantian sammelt, damit nicht zuviel Qi in den Kopf steigt.

Mit den Energiepunkten atmen

Sie werden nun mit den Punkten Yüng Tchüan, Niere 1 (Fußsohle), Hui Yin, KG 1 (zwischen den Beinen auf der Mitte des Dammes, zwischen beiden Körperöffnungen), und Bai Hui, LG 19 (am Schädeldach), atmen: Versuchen Sie, Ihre Auf-

Abb. 11: Wirbelsäule wie eine Schlange bewegen

merksamkeit auf diese Körperstellen zu lenken. Beginnen Sie dort, wo es für Sie am leichtesten ist. Das sind meist die Fußsohlen. Stellen Sie sich vor, wie Ihre Füße tief in einen angenehm weichen Boden sinken. Mit dieser Vorstellung öffnen sich Ihre Fußsohlen. Saugen Sie nun Wasser aus dem Boden, wie ein Baum mit seinen Wurzeln. Wechseln Sie immer wieder zwischen diesen beiden Bildern: Die Füße sinken tief ein, die Fußsohlen öffnen sich, und Sie ziehen Wasser aus dem Boden, nehmen es auf – und schon atmen Ihre Fußsohlen. Denken Sie, während Sie Ihre Aufmerksamkeit auf den Damm gerichtet haben, abwechselnd: mit entspannten Muskeln weich und offen und mit gespannten Muskeln fest und geschlossen – ohne dabei das Gesäß zu verkrampfen. Denken Sie, indem Sie Ihre Aufmerksamkeit auf das Schädeldach richten, abwechselnd: angenehm kühl, mit dem Himmels-Qi verbunden, und an den harten, geschlossenen Schädelknochen. Wechseln Sie immer wieder: zu – offen, zu – offen ... so entsteht ein Gefühl, ähnlich wie beim Atmen, das den ganzen Körper umfaßt, so daß Sie den Eindruck bekommen, mit all diesen Punkten gleichzeitig zu atmen. Dreimal wiederholen. Dies einzuüben erfordert etwas Geduld, aber Sie erhalten so die Fähigkeit, sich bewußt zu öffnen und zu verschließen.

Kontakt zum Baum aufnehmen

Nach diesen Entspannungsübungen sind Sie körperlich und geistig offen für das Qi des Baums. Nun ziehen Sie ein Stirnband an oder binden ein zusammengefaltetes Tuch – nicht zu locker, aber auch nicht zu fest – um die Stirn und wenden Ihr Gesicht dem Baumstamm zu. Ihre Augen blicken geradeaus in die Ferne, ohne etwas Bestimmtes zu fixieren. Dann lassen Sie Ihren Blick auf einer gedachten Linie näher und näher zu sich selbst heranwandern, bis er auf Ihrer Nasenspitze endet. Ihre Augen schließen sich sanft, Sie schauen nun nach innen. Ihre Aufmerksamkeit wandert zum Stirnauge. Sie lehnen sich mit der Stelle auf der Stirn, die etwa ein Fingerbreit über dem Haaransatz liegt, an den Baum. Sie müssen diese Stelle nicht suchen, sie ergibt sich von selbst, denn Ihre Nase sollte den Baum nicht berühren. (Das wäre selbst bei einer glatten Rinde unangenehm.) Der Druck auf die Stirn ist ein leichter, die Atemzüge sind natürlich, ruhig und gleichmäßig. Die Füße stehen in schulterbreitem Abstand. Die Fußsohlen sind fest mit der Erde verbunden. Der Anfangspunkt des Nierenmeridians, Yüng Tchüan, N 1, auf der Fußsohle ist geöffnet. Sie können dies durch Ihre Vorstellung unterstützen, Ihre Füße hätten Wurzeln und könnten mit dem Erdreich atmen. Die Knie und das Becken sind locker entspannt (siehe Abb. 6: Grundhaltung). Von der Fußsohle bis zum Scheitel haben sich alle Verspannungen gelöst. Die Arme hängen entspannt seitlich am Körper. Die Handflächen mit dem Punkt Lao Gong (KS 8) sind geöffnet.

So stehen Sie, die Fußsohlen sind mit dem Boden verbunden und mit der Stirn lehnen Sie am Baum. Ihr Becken beginnt sich leicht kreisförmig zu bewegen. Dies verhindert, daß sich Ihr Körper verspannt, wenn Sie sich an den Baum lehnen. Dies ist die einzige Bewegung, die Sie *aktiv* ausführen, sonst geben Sie nur den Bewegungsimpulsen nach, die der Baum in Ihnen anregt. Je entspannter Ihr Körper und je lockerer Ihre geistige Haltung ist, desto empfänglicher sind Sie für alles, was vom Baum kommt. Sie lassen es geschehen. Sie erschrecken nicht, wenn plötzlich ein Gefühl in Ihnen aufsteigt, es entstehen Bewegungen im Körper, die nicht von Ihnen selbst ausgehen. Es kann sein, daß Sie das Bedürfnis haben, einen Arm oder beide Arme zu heben oder mit den empfänglichen Handflächen über das Äußere des Baums zu streichen. Vielleicht wird ein Sog, ein Sich-hingezogen-Fühlen zum Baum im Brust- oder Bauchbereich spürbar, ein Verschmelzen mit dem Baumkörper an dieser Stelle. Manche fühlen eine Drehbewegung im Körper, und wenn sie dieser nachgeben, lehnen sie am Ende mit dem Rücken am Baum. Es können starke Schüttelbewegungen auftreten, oder eine gelöste Ruhe entsteht, die ohne körperliche Sensationen ausklingt.

Andere Menschen fühlen sich schwerelos, bekommen eine Ahnung vom Schweben oder Fliegen oder sinken tief in den Boden hinein, bis zu Wurzeln und Bodenleben. Indem Ihr Leib sich mit dem Kraftfeld des Baums verbindet, kommt Ihr Geist in eine meditative Stimmung, die Sie zu noch unerkannten Dimensionen Ihres Wesens führen kann.

Versuchen Sie, was immer nun geschieht, spontan und unbelastet von den Berichten anderer zu erleben. Deshalb empfehle ich Ihnen, die Erfahrungsberichte der Seminarteilnehmer erst nach einer eigenen Begegnung mit einem Baum zu lesen. Wenn Sie bestimmte Ereignisse erwarten oder herbeisehnen, werden Sie vielleicht enttäuscht sein, weil selten das eintritt, was man sich erhofft. Erst wenn Sie im Geist diese erwartungslose Offenheit erreicht

*Abb. 12a: Den richtigen Platz
am Stamm suchen*

*Abb. 12b: Mit der Stirn
den Baum berühren*

*Abb. 13a: Die Arme streichen
den Stamm entlang*

haben, geben Sie dem Moment die Freiheit, sich ohne Druck zu entwickeln. Damit bekommen Sie und der Baum die Möglichkeit, Ihre Zwiesprache zu Ihrer beider Wohl zu gestalten. Die Qi-Wirkung des Baums ist nicht so sehr davon abhängig, wieviel Sie selbst bei dieser Begegnung wahrnehmen, sondern wieweit es Ihnen gelungen ist, sich zu entspannen. Manche Menschen empfinden intensive Reaktionen im Körper und bleiben gedanklich gelassen. Andere wieder vergessen fast, daß sie einen Körper besitzen, weil sie ihr reiches emotionales Bilderleben in andere Wirklichkeiten führt. Wie lange Sie bei einem Baum verweilen möchten, ist individuell verschieden. Ihr persönliches Empfinden ist der Maßstab.

Wenn Sie das Gefühl haben, es sei jetzt an der Zeit, diese Begegnung zu beenden, schließen Sie die Begegnung mit dem Baum ab, indem Sie die unten beschriebenen Abschlußbewegungen ausführen. So wird Ihre enge Verbundenheit mit dem Baum gelöst. Diese Bewegungen machen Sie auch dann, wenn Sie während der Begegnung den Kontakt zum Baum verloren haben. Es ist wichtig, Ihre Empfindungen wieder ganz auf Ihren eigenen Körper zu konzentrieren. Sonst bleibt das Stirnauge offen für nicht kontrollierbare Eindrücke und Einflüsse. Das ist ein unangenehmer Zustand, vergleichbar mit dem eines normalen Auges, das die Pupille bei starkem Lichteinfall nicht verkleinern kann. Vergessen Sie nicht, sich für die Zuwendung der Naturkräfte zu bedanken!

Abb. 13b: Mit dem Rücken an den Baum lehnen

Abb. 14a: Mit den Händen die Stirn schließen und sich vom Baum lösen

Abb. 14b: Das Körper-Qi vom Baum-Qi trennen

Die Abschlußbewegungen: sich vom Baum trennen

1. Die Abschlußbewegung beginnt damit, daß Sie beide Handflächen auf die Stirn legen, genau auf die Stelle, mit der zuvor der Kontakt zum Baum hergestellt wurde. Sie lassen die Handflächen einige Atemzüge lang auf der Stirn und üben dabei einen leichten Druck aus, um diese Stelle bewußt zu schließen und sich ganz vom Baum zu trennen.

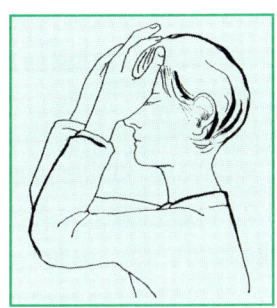

Abb. 15: Abschlußbewegung – mit den Händen die Stirn schließen

2. Sie stehen in der Grundhaltung und führen beide Hände mit zum Himmel gerichteten Handflächen vor dem Körper nach oben bis zur Stirn. In Ihrer Vorstellung tragen Sie Qi mit Ihren Händen empor. Halten Sie die Arme locker, pressen Sie sie nicht an den Rumpf. (Platz für einen Ping-Pong-Ball unter den Achseln nicht vergessen!) In Stirnhöhe drehen Sie die Handflächen zur Erde und lassen die Arme vor Ihrem Körper ebenso langsam sinken, wie Sie diese gehoben haben (siehe Abb.16). Wenn Sie die Arme nach oben führen, atmen Sie ein, wenn Sie sie sinken lassen, atmen Sie aus und lassen Qi über sich herabströmen, hüllen sich damit ein und umgeben sich mit frischer Lebenskraft. Wenn Sie die Arme heben, stellen Sie sich vor, daß Qi im Körper emporfließt, wenn Sie sie sinken lassen, daß Qi im und über den Körper rieselt bis in Ihre Füße hinein. Dreimal wiederholen. Wer zu niedrigem Blutdruck neigt, kann die Arme höher über den Kopf führen und läßt das Sinken einfach geschehen. Wer zu Bluthochdruck neigt, läßt sie nur bis etwa zur Brusthöhe steigen und schenkt dem Sinken der Arme mehr Aufmerksamkeit. Dann schließen Sie die Punkte N 1 auf der Fußsohle, KG 1 am Damm und LG 19 am Schädeldach, ebenso schließen Sie die Füße, indem Sie den linken Fuß zum rechten stellen. Auch hier ist das Schließen wieder ein bewußter Vorgang!

Nach diesem Erlebnis gönnen Sie sich Ruhe, damit die sanfte Wirkung der Baumkraft sich in Ihrem Körper ausbreiten kann. Um all diese Eindrücke in sich wirken und abklingen zu lassen, verweilen Sie entweder sitzend oder liegend unter dem Baum, oder Sie gehen ein wenig auf und ab. Es ist nicht zu empfehlen, daß Sie sofort einen weiteren Baum aufsuchen, weil dies zu Mißstimmungen und körperlichem Unbehagen führen kann.

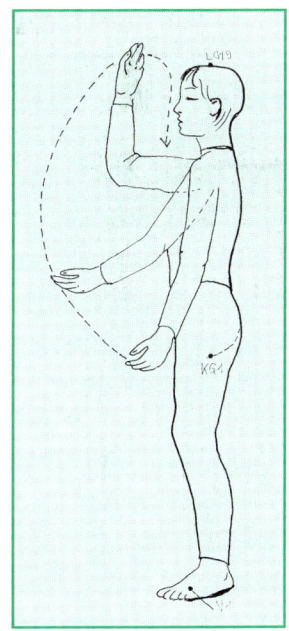

Abb. 16: Abschlußbewegung – das Körper-Qi vom Baum trennen

DAS QI DER NATUR IN DEN ACHT JAHRESZEITEN

Im Baum sind die Gesetze des Universums überschaubar, in ihm versammeln sich die Fünf Elemente: Holz, Feuer, Erde, Metall und Wasser. Das Wort »Element« ist hier nicht im physikalischen Sinn zu verstehen, sondern beschreibt Manifestationen der Welt. Ein Baumkörper ist aus Holz, die Baumkrone ragt weit in den Himmel hinein und steht dadurch mit dem Element Metall in Verbindung. Mit den Wurzeln saugt der Baum Wasser aus der Erde, durch den Stamm bis in die Adern der Blattspitzen hinein. Die mit Stickstoff angereicherte Luft, die Menschen und Tiere ausatmen, nimmt er durch seine Blätter auf und gibt sauerstoffreiche Luft wieder ab. Er speichert das Feuer, die Wärme der Sonne, in seinen Blättern. Oft sieht das Farbenspiel der im Herbst gefärbten Blätter aus, als würde der Baum selbst alles Licht, das er im Frühling und Sommer aufgenommen hat, in einem Feuerwerk der Farben dem Kosmos wieder zurückgeben, bevor seine Blätter zur Erde zurückkehren. Durch sein Sprießen, Blühen, Reifen, Vergehen und Ruhen spiegelt der Baum den Rhythmus der Natur im Jahresverlauf wider, und dieser bestimmt den Biorhythmus des Baums, ähnlich wie den der Menschen und Tiere.

So stellt sich die Frage: Ist es von großer Bedeutung, zu welcher Jahres- und Tageszeit Sie Baum-Qi-Gong üben? Möchten Sie die Gesetze des Himmels und der Erde berücksichtigen und dem Baum in Übereinstimmung mit diesem Rhythmus begegnen, so ist die Energiequalität der jeweiligen Jahreszeit zu beachten. Es ist günstig, in jeder Jahres- und zu jeder Tageszeit die Energiequalität zu wählen, die dieser Zeit entspricht: Wählen Sie im Frühling einen sonnigen, warmen Tag aus, im Sommer einen strahlend schönen, nicht extrem heißen, im Herbst einen milden und im Winter einen kalten, aber nicht zu frostigen Tag. Dies sind die Tage, welche die Qualität der Jahreszeit am reinsten und angenehmsten hervorbringen. Ein kalter, stürmischer Sommertag oder ein föhniger, warmer Wintertag sind nicht empfehlenswert, weil die Kälte dem Sommer fremd ist wie die Wärme dem Winter. Meiden Sie Tage mit extremen Wetterumschwüngen, mit Gewitter und Sturm, nach langer Trockenheit oder heftigen Regenperioden. Diese gestörten bioklimatischen Energien greifen den Körper dort an, wo er geschwächt ist, und können zu Krankheiten führen. Es ist nicht ratsam, sich solchen Energien freiwillig zu öffnen. Auch der Stand der Gestirne und vor allem die Mondphasen haben Einfluß auf den Rhythmus der Energien der Natur. Bei zunehmendem Mond nimmt auch der Fluß des Qi und Lebenssaftes zu und ist bei Vollmond reichlich vorhanden. Bei abnehmen-

dem Mond stellt sich die Natur auf einen Reinigungspro-
zeß um, und bis zum Neumond läßt die Energie- und Saft-
zirkulation nach. Tage, die in unserem Kalenderjahr seit
jeher von Bedeutung waren, wie z.B. der erste Vollmond
im Frühling, der das Datum des Osterfestes bestimmt, machen deutlich, wie sehr das Wirken des Vollmondes mit
der Energie der Natur in der Jahreszeit verbunden ist.

Die astronomischen Rhythmen im Jahresverlauf
haben auch im Leben des Baums besonders ausgeprägte
und intensive Qi-Qualitäten. Wenn es die Witterung
zuläßt, sind diese Tage anderen vorzuziehen, weil an diesen Tagen die Wandlung des Qi in den Jahreszeiten besonders deutlich wird. Es sind dies:

- der 21. März: die Tagundnachtgleiche im Frühjahr und
  der Frühlingsbeginn.
  Die Energie der Sonne erscheint;
- der 21. Juni: die Sommersonnenwende und der Beginn
  des Sommers.
  Die Energie der Sonne erreicht ihren Höhepunkt;
- der 23. September: die Tagundnachtgleiche im Herbst
  und der Herbstbeginn.
  Die Energie der Sonne nimmt deutlich ab;
- der 21. Dezember: die Wintersonnenwende und der
  Anfang des Winters.
  Die Energie der Sonne hat ihren tiefsten Stand erreicht.

Die Acht Wunder – Pa Koua

Um unser Verständnis für die Energiequalität, für die Atmosphäre, die in den Jahreszeiten wirkt, zu vertiefen und
für das Baum-Qi-Gong nutzen zu können, gehen wir weit
zurück in der Menschheitsgeschichte und stoßen auf den
Herrscher Fou Hi. Dieser legendäre Kaiser soll, wie verschiedene Quellen angeben, 6000–3000 v. Chr. geherrscht
haben. Für ihn und seine weisen Berater offenbaren sich
die Gesetze des Universums in den Wechselwirkungen zwischen diesen Gesetzen. Sie versuchten nicht, einzelne Phänomene unabhängig von ihren Beziehungen bis ins kleinste Detail zu erkunden, sondern entwickelten eine Zeichen-
und Zahlensymbolik, mit deren Hilfe sie das genetische
Programm zur Erschaffung der Welt begreifen konnten. Ihr
Ziel war es nicht, alles zu wissen, sondern mit Worten aus-
gedrückt, die Goethe seinem Faust in den Mund legt, zu
verstehen, »was die Welt im Innersten zusammenhält«. Dieses Verständnis ist in dem ältesten bekannten Symbol-Do-
kument der Menschheit, dem Schaubild der Acht Wunder,
Pa Koua, festgehalten (siehe Abb. 17). Es stellt den Urzu-
stand des Universums – noch bevor unsere Welt entstanden
ist – in Sinnbildern dar und ist das konzentrierte Wissen
der Zusammenhänge in der Welt in jungsteinzeitlicher Tradition. Hier ist die Schöpfungsgeschichte der Welt in Symbolen eingefangen, nicht in Bildern wie in der Bibel. (Diese
in Symbolen festzuhalten war wohl auch die Absicht der
Kelten, die mit ihren Runen Zeichen setzten, die leider nur
mehr lückenhaft überliefert sind.)

Die chinesischen Symbole stehen für die Wandlungs-

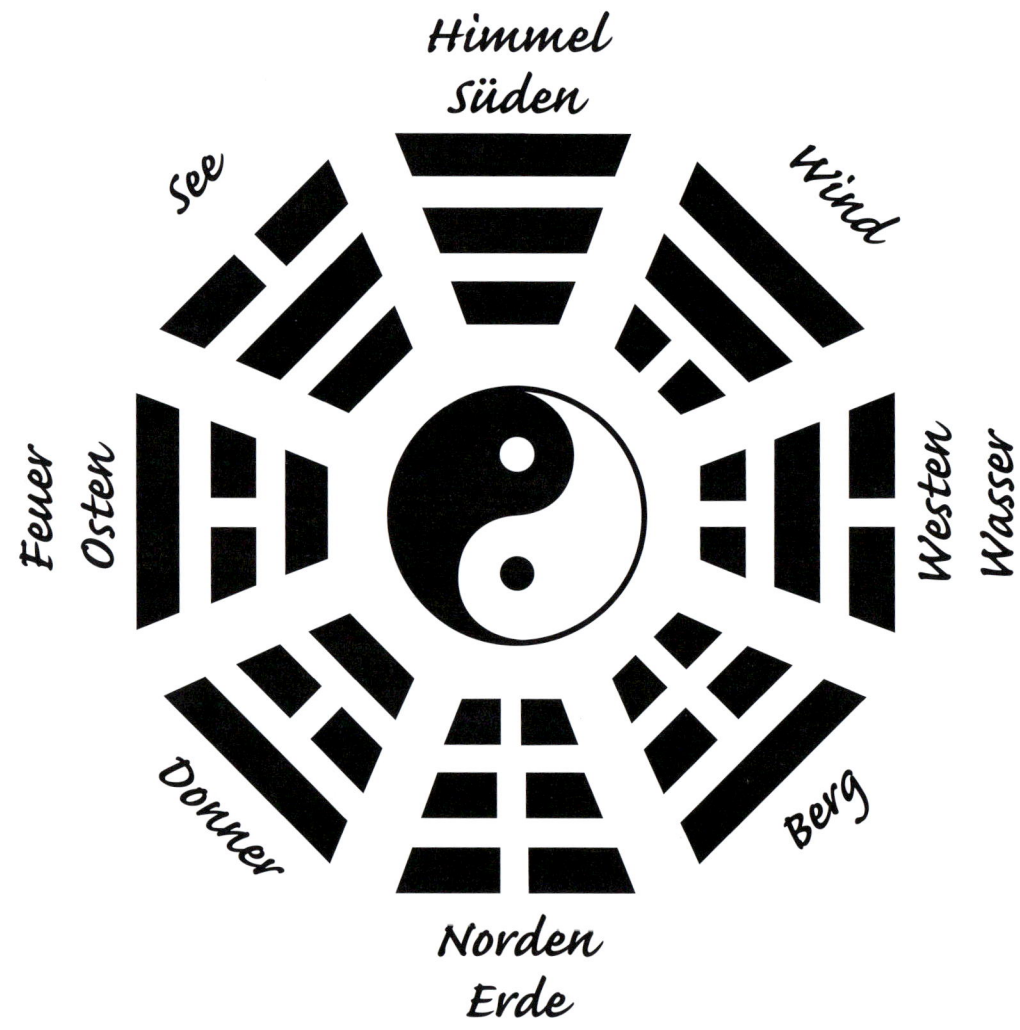

Abb. 17: Die Acht Wunder – Pa Koua

gesetze und die sich daraus ergebenden Naturerscheinungen. Unter »Naturerscheinungen« wollen wir alles verstehen, was unser Universum ausmacht, angefangen vom größten Planeten bis zum winzigsten Staubkorn, uns Menschen nicht ausgenommen. Beim Betrachten der einzelnen Symbole sehen Sie, daß diese aus drei Strichen oder Linien bestehen. Deshalb werden sie auch »Trigramme« genannt (aus dem Griechischen: *tri* – drei; *grammein* – einkerben, schreiben). In ihnen spiegeln sich die Wirkungsweise und die Bewegungen des Yang, dargestellt als durchgehender Strich, und des Yin, dargestellt als unterbrochener Strich, wider. Durch die Art des Yang-Striches – gerade, ungeteilt, ungebrochen – werden uns bereits viele Yang-Eigenschaften mitgeteilt: Er ist stark, fest, eins. Der Yin-Strich zeigt uns die Yin-Eigenschaften klar und deutlich; er ist geteilt, offen, entzwei, im übertragenen Sinn: schwach, weich, offen, daher bereit zu empfangen. Die Anordnung der Yin- und Yang-Striche im Trigramm ist von großer Bedeutung für den Bedeutungsgehalt des jeweiligen Trigramms – Erklärungen an dieser Stelle würden zu weit vom Thema wegführen.

Diese Sinnbilder sind nun wiederum den Himmelsrichtungen zugeordnet. Nach der chinesischen Schreibweise steht der Süden (Sonne) oben und der Norden (Erde) unten. In der Mitte befindet sich das Yin-Yang-Symbol mit seiner hellen und seiner dunklen Seite (siehe Abb. 17). Wenn Sie versuchen, dieses Symbol mit einer geraden Linie zu teilen, werden Sie feststellen, daß es Ihnen nicht gelingt, auf einer Seite nur Yin oder nur Yang zu erhalten. Wo viel Yin ist, beginnt sich Yang zu regen, und wo Yang vorherrscht, ist der Keim für Yin gelegt. Dieser Sinn ist in der Struktur des Zeichens verborgen.

Yin und Yang – die beiden Urkräfte

Die Begriffe *Yin* und *Yang* beschreiben alles, was wir selbst darstellen, was uns umgibt, wie wir beeinflußt werden und wie wir darauf reagieren. Wenn Sie sich eingehender mit diesen Urkräften befassen, werden Ihnen ihre Verbindungen zunehmend klarer, und Sie werden verstehen, wie sie einander im Kreislauf des Werdens und Vergehens ergänzen. Versuchen Sie, Yin und Yang als polare Kräfte zu begreifen, zwischen denen sich einerseits ein Spannungszustand aufbaut, die aber auf der anderen Seite durch ihr Drängen nach Ganzheit zur Vereinigung streben. So pendeln ihre Kräfte zwischen dem Drang nach Vereinigung und nach Verdrängung und sind dauernd in Bewegung. Yin und Yang erzeugen sich immer aufs neue und sind die treibenden Kräfte der Wandlungen. In allen Bereichen des Universums wirken Yin und Yang. Die Wandlungen im Himmel und auf der Erde bringen die Jahreszeiten hervor, die Jahreszeiten bewirken die Naturerscheinungen. Die Wandlungen der Gestirne erzeugen Tag und Nacht. Die Wandlungen im Menschengeschlecht erschaffen Mann und Frau, im Individuum die Geburt, die Jugend, die Reife, das Alter, den Tod. Hier werden Zustände beschrieben. Ein Beispiel mag dies noch deutlicher werden lassen: Der Himmel ist in einem Yang-Zustand, denn er ist hell, klar, strahlend, oben, unteilbar, all dies sind Yang-Eigenschaften. Deshalb können wir sagen: Der Himmel ist yang. Die Erde ist in einem Yin-Zustand – dunkel, weich, offen für Wurzeln und Keimlinge, nährend, also ist die Erde yin. Das Licht ist yang, die Dunkelheit ist yin, der Vater ist yang, die Mutter ist yin.

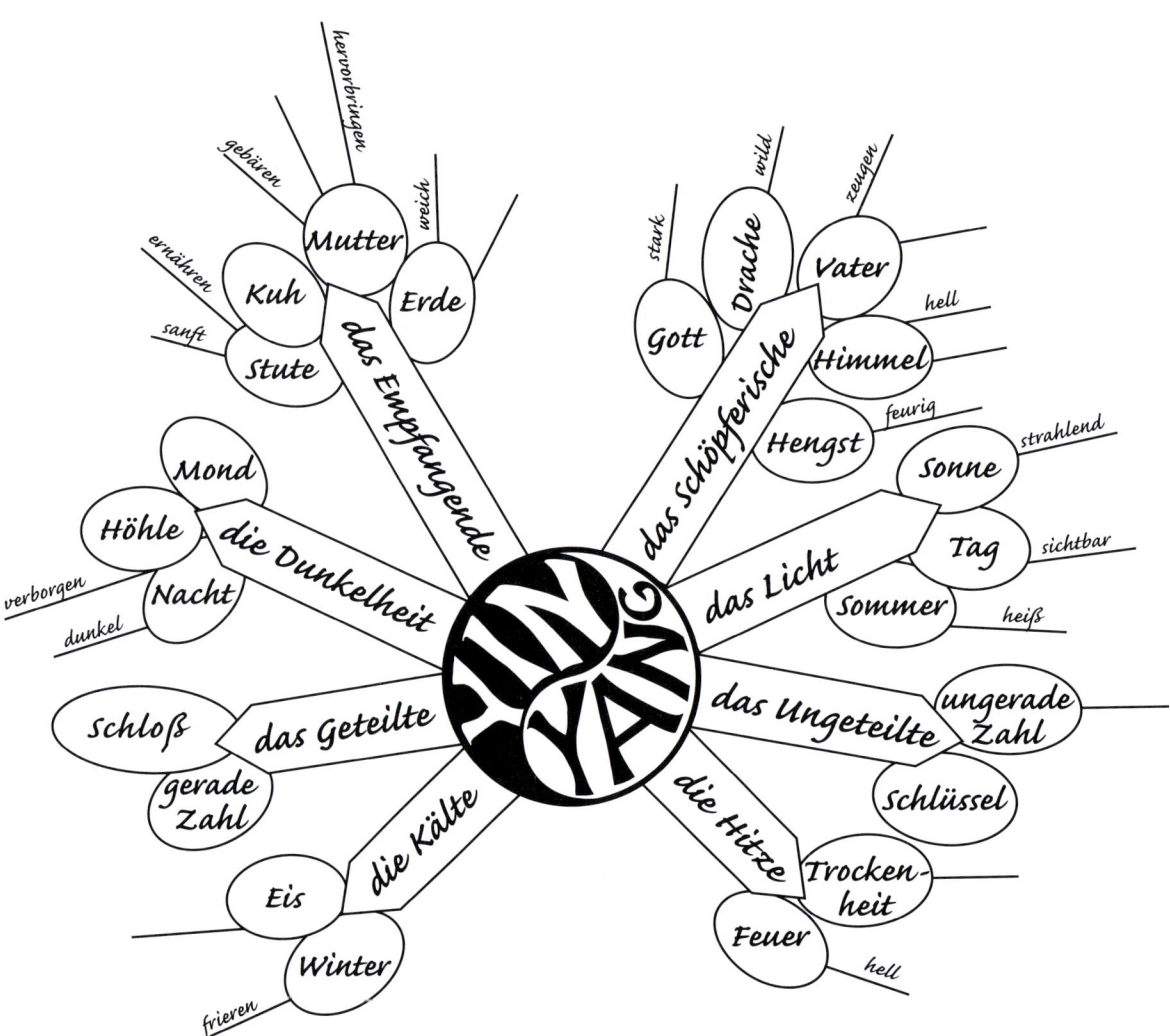

Abb. 18: Yin und Yang

Das Schöpferische ist yang, es manifestiert sich in Gott, dem Vater-Prinzip. Gottvater sprach: »Es werde Licht.« Dazu gehört ebenfalls der Schöpfungsakt, der Mann, der seine Nachkommen zeugt. Am Himmel ist es die Sonne, die das Licht erzeugt, am Tage alles erhellt. Die Sonne ist Feuer, Feuer erzeugt Hitze, die heißeste Zeit des Jahres ist der Sommer ... Das Empfangende ist yin, es ist die Erde. Die Erde ist auch Mutter, wie die Kuh, die Stute. Die Mutter nährt das Ungeborene in ihrer dunklen Leibeshöhle, die Erde die Samen der Natur; die Dunkelheit der Höhle bietet Geborgenheit wie die Nacht; im Schutz der Dunkelheit schlafen die Lebewesen. Der Säugling drängt sich aus dem offenen Mutterschoß, der Same, der Schößling teilt die Erde. Sommer und Winter, Hengst und Stute, Schlüssel und Schloß ... immer bilden Gegensatz und Ergänzung, Yin und Yang, die Grundlage der Beziehung und der Funktion.

Am Beispiel von Schlüssel und Schloß können Sie die Eigenschaften von Yang und Yin anschaulich verfolgen. Der Schlüssel ist yang, warum? Welche Eigenschaften zeichnen ihn aus? Er ist gerade, stark, ungeteilt, dringt in das Schloß ein und kann nur in Vereinigung mit dem Schloß zu seiner vollen Wirkung gelangen. Das Schloß ist offen, geteilt, dunkel – alles Yin-Eigenschaften – und findet seinen Sinn darin, daß es den Schlüssel aufnimmt. Erst im Zusammenwirken von beiden kann das Öffnen und Schließen eines Tores geschehen. Die winzige Drehung des Schlüssels bewirkt im Schloß die Veränderungen, die ein großes Tor verschließen oder aufgehen lassen. Die ergänzende Wirkung der polaren Kräfte ermöglicht solche Auswirkungen.

Beim Betrachten des Schaubildes (Abb. 18) beginnen Sie in der Mitte, bei Yin und Yang. Von hier aus verfolgen Sie die Begriffe auf ihrem Assoziationsweg. Die Beispiele für die ergänzende Beziehung von Yin und Yang können Sie selbst beliebig fortsetzen und erweitern; hierfür ist in der Abbildung Platz gelassen. Beachten Sie aber, daß das Gleichgewicht erhalten bleibt. Wenn Sie bei Yin einen Begriff eintragen, vergessen Sie nicht, bei Yang sein Gegenstück hineinzuschreiben. Im Vernetzen dieser Begriffe sind Ihnen keine Grenzen gesetzt. Mit jeder neuen Beziehung entdecken Sie eine neue Facette der Eigenschaften von Yin und Yang. Mit jedem hinzugefügten Paar erweitert sich Ihr Verständnis für dieses Denkmodell. In diesem Sinne ist das hier abgebildete Denkmodell nie vollendet.

Die acht Jahreszeiten und die Fünf Elemente

Die Entstehung der Welt nahm ihren Lauf, als Yin und Yang in ihre dynamische Beziehung traten. Damit war die ruhende Ordnung der Vorwelt in Bewegung geraten und ließ das Licht, den Raum und die Zeit entstehen. So traten alle Dinge in Erscheinung. Entstehen und Vergehen erhielten ihren Rhythmus im Verlauf des Jahres und manifestierten sich in den Jahreszeiten. Es ist kein beziehungsloses Nacheinander, jede Jahreszeit entsteht aus der vorangegangenen und bereitet die nächste vor. So geschieht es mit der Nacht und dem Tag, der Dunkelheit und dem Licht, der Jugend und dem Alter. In allen Bereichen des Lebens herrscht dieses Erzeugen und Vergehen. Es wurde von den Chinesen genau beobachtet und in Schriftsymbolen festgehalten (siehe Abb. 19).

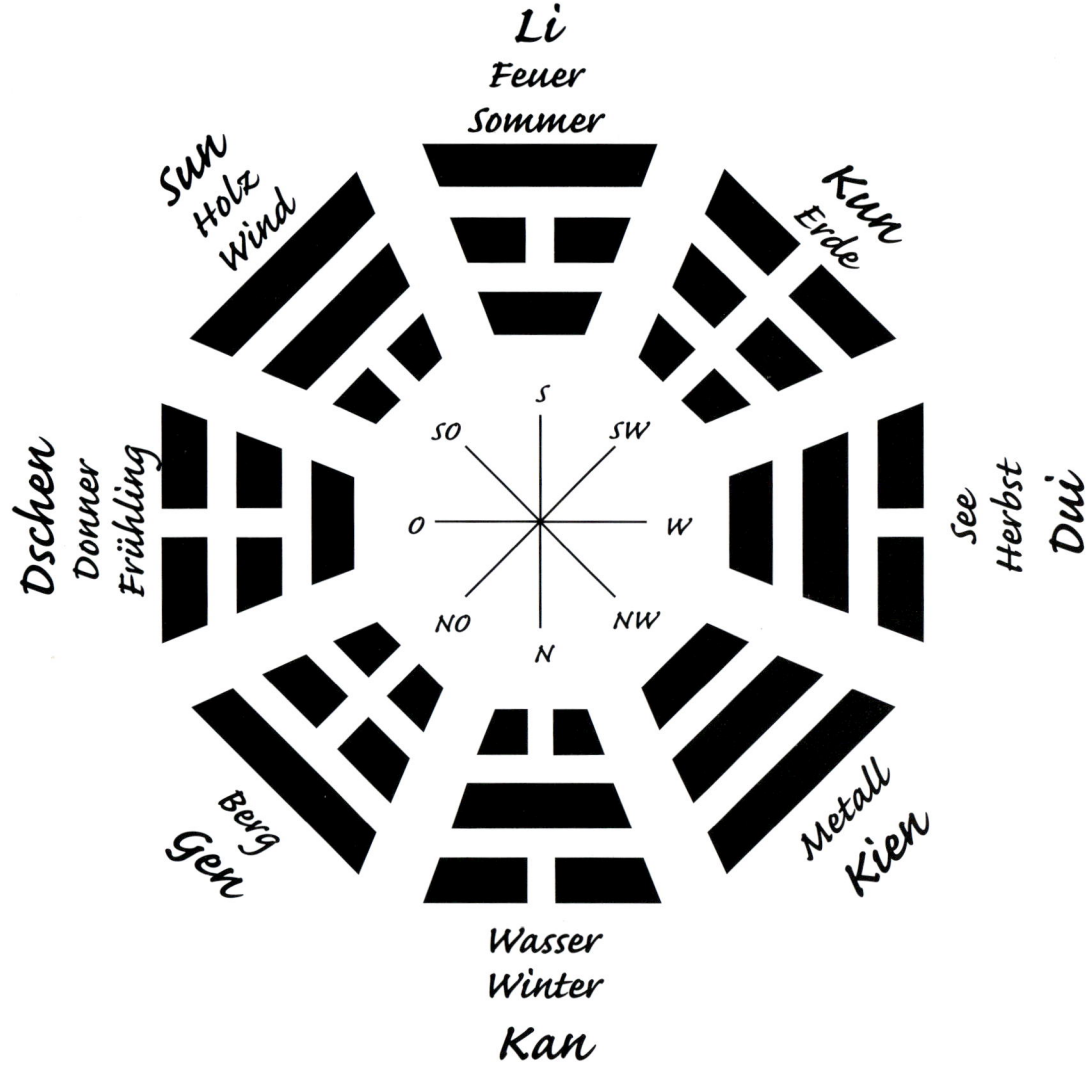

Abb. 19: Der Wandel des universellen Qi erzeugt acht Jahreszeiten und Fünf Elemente

Jede Jahreszeit hat spezifische Qi-Eigenschaften, die durch ein Trigramm, das aus Yin- und Yang-Strichen besteht, dokumentiert werden. Es handelt sich um die Darstellung von Wandlungen, d.h. um Zustände, die sich in dauernder Bewegung befinden und eine bestimmte Zeitspanne im Lebensprozeß einnehmen. So entstehen im Lauf eines Jahreszyklus die Fünf Elemente: Holz, Feuer, Erde, Metall, Wasser. Durch die Qualität des Striches, ob yin oder yang, durch den Platz, den diese Linie innehat, wird die Bedeutung des Trigrammes festgelegt. Ausgehend von diesen abstrakten Überlegungen, möchte ich Ihnen die Energiequalität der Jahreszeiten in Bildern näherbringen.

Wichtig: Beim Betrachten der nun folgenden Schaubilder gehen Sie von Qi aus. Qi, der pulsierende Lebensstrom, bewirkt in der entsprechenden Jahreszeit ... folgen Sie dem Pfeil. Damit sind Sie bereits im Zentrum und können von hier aus die Energiequalität des zeitigen Frühjahres mit ihren Lebensprozessen erforschen. Dabei vergessen Sie die europäischen Denkmodelle, die nach Ordnung, Zahlen, Proportionen und Folgen gegliedert sind. Verwenden Sie vielmehr Ihre Assoziationsfähigkeit, Ihre Phantasie, um Zusammenhänge zu erkennen, die man auf den ersten Blick nicht sofort bemerkt. Je weiter Sie sich hier vom Mittelpunkt entfernen, um so detaillierter werden die Aussagen über den Qi-Fluß, trotzdem bleiben die übergeordneten Eigenschaften erhalten. Wenn Sie diese Gegebenheiten berücksichtigen, können Sie das Denkmodell selbst erweitern. Betrachten Sie z.B. die Eigenschaften: heftig, schnell entschieden. Sie können diese sowohl dem »Donner«, dem »Sonnenaufgang«, als auch dem »Keimen« beifügen (siehe Abb. 21, S. 53) und holen sich so neue Aspekte all dieser Ereignisse ins Bewußtsein.

☳ Dschen – das Erregende, das Erwachen

Im zeitigen Frühjahr erwacht Dschen.

Das Symbol besteht an unterster Stelle aus einem Yang-Strich, und darüber liegen zwei Yin-Striche. Sie können an einen Keim denken, der sich durch die harte Schale bohrt, wodurch diese entzweigeht, wie die beiden Yin-Striche.

Sein Bild ist der *Donner*.

Dschen, das Erregende, ist ein Zustand.

Farbe und Organe werden den Fünf Elementen zugeordnet.

Die Qi-Wirkung der Zeit und der Bäume ist Erregung, Anregung, Impuls, Aufbruch.

Nach der Winterruhe regt sich in der Erde Dschen. Es ist die Zeit während und nach der Schneeschmelze, eine kurze Zeitspanne, die durch rasche Änderungen geprägt ist. Es ist der Donner, die elektrisierende Antwort der Erde auf die Schöpfungskraft des Himmels. Die einjährige Pflanze liegt noch als winziges Samenkorn in der Erde. Der Keim beginnt sich zu regen – die ersten Zeichen des Pflanzenwachstums im Boden. Nicht nur Gras und Blumen sprießen aus der Erde, in den Bäumen steigt der Saft aus den Wurzeln empor, drängen die Knospen zu ungestümem Wachstum, treiben Blüten und Blätter hervor. Eine Zeit, in der alles wächst und gedeiht, läßt jeden an diesem Energieüberfluß teilhaben. Ist das Wetter sonnig und warm, dann fließen Qi und der Lebenssaft in der Natur rascher und steigen an die Oberfläche. So ist in dieser Zeit des Aufbruchs Baum-Qi-Gong nach der langen Winterruhe ein besonders anregendes Erlebnis. Auch an einem Regentag im Frühling, der die Natur belebt, können Sie durch Baum-Qi-Gong Kraft für einen Neubeginn tanken und neue Impulse empfangen.

In unserem Leben spiegelt sich diese Zeitqualität im Liebesakt, in der Zeugung neuen Lebens, in der Geburt, in der Pubertät, um nur einige Beispiele zu nennen. Eine ähnliche Energiequalität wird mit der Himmelsrichtung Osten in Verbindung gebracht und als Tageszeit mit dem frühen Morgen, wenn der erste Hahnenschrei erschallt. Die Sonne steigt für unser Auge täglich am östlichen Horizont auf und bewirkt eine rasche Änderung der Lichtverhältnisse, der Temperatur und erweckt all die Lebewesen aus dem Schlaf.

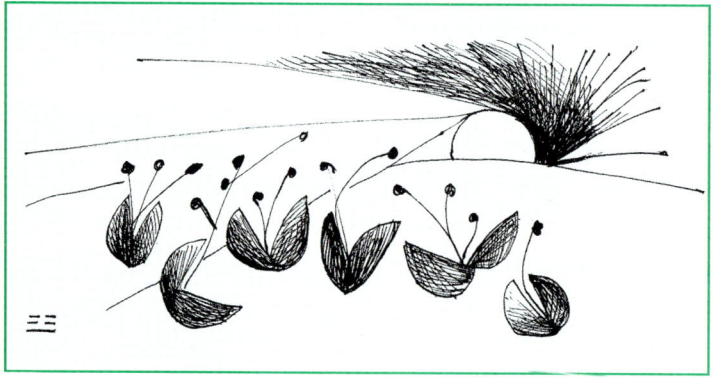

Abb. 20

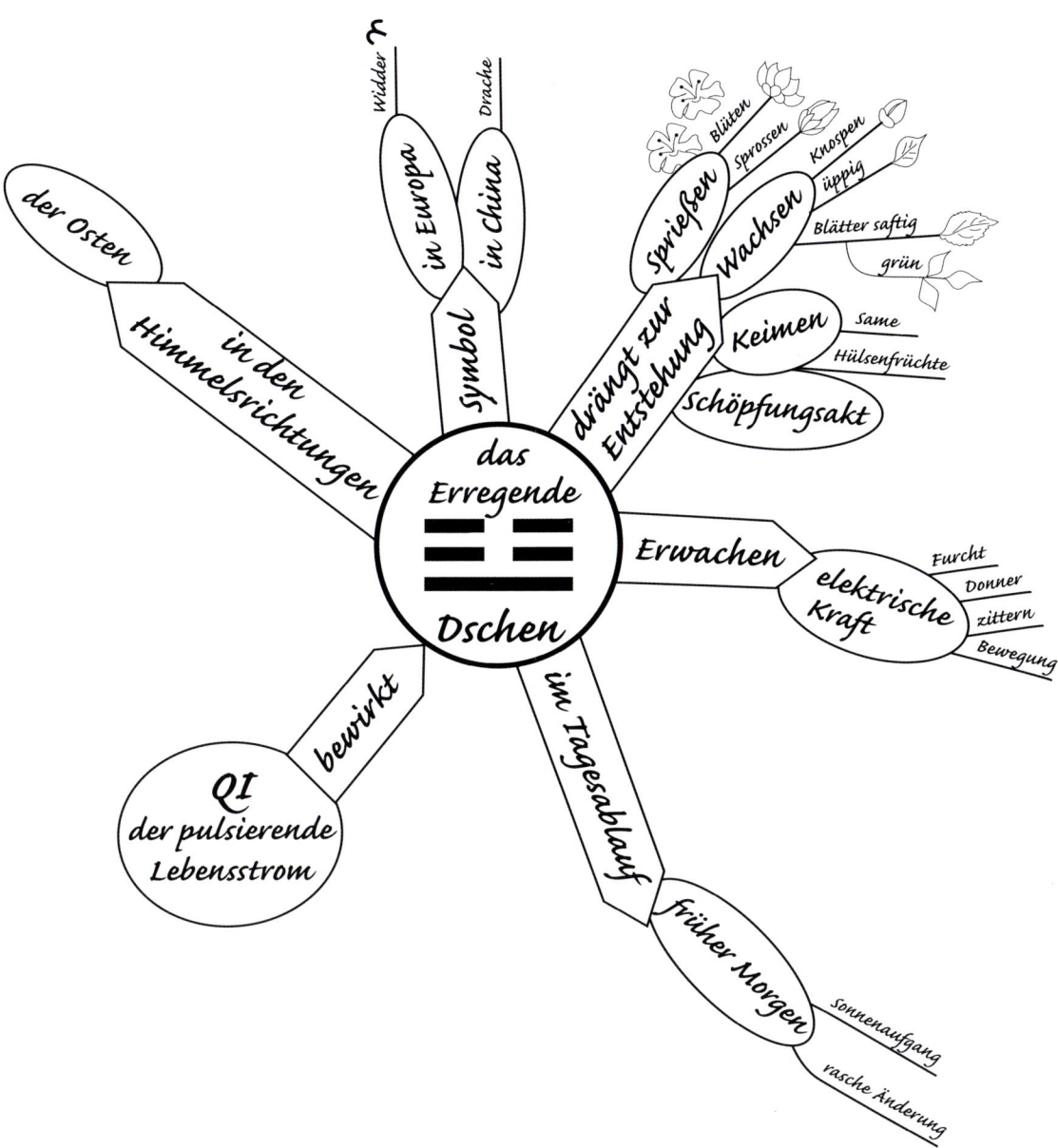

Abb. 21: Schaubild Dschen – das universelle Qi im Frühling

Qi-Meditation mit Dschen

Wenn Sie Kraft für einen Neubeginn brauchen ...

Wenn Sie die Wirkung des Qi in einer beliebigen Jahreszeit verspüren möchten und momentan keine Gelegenheit haben, einen Baum aufzusuchen, können Sie die Abbildung auf Seite 53 als Anregung für eine kurze Meditation verwenden. Immer wenn Sie einen Impuls für einen Neuanfang oder einen Energieschub bekommen möchten, weil gerade nichts weitergeht, obwohl schon viele Ideen in Ihrem Kopf kreisen oder Aufgaben warten, nehmen Sie sich ein wenig Zeit und versuchen, diese Qi-Qualität zu nutzen.

Ich möchte aber davon abraten, diese Energien zu verwenden, um sich noch einmal zum Weiterarbeiten zu bringen, wenn Sie bereits erschöpft und ausgelaugt sind. Auch in unserem Leben gilt, wie in den Jahreszeiten: Es ist besser, eine Ruhepause einzulegen, wenn das Qi-Potential aufgebraucht ist.

Während Ihre Gedanken noch um das, was Sie sich vorgenommen haben, kreisen, lassen Sie Ihren Blick über das Schaubild »Dschen – das universelle Qi im Frühling« wandern, lesen den einen und den anderen Begriff, entdecken deren Zusammenhänge. Manche Worte sagen Ihnen weniger, mit andern können Sie sich spontan verbinden. Schmücken Sie diese Worte mit Bildern, die Ihnen Ihr Unbewußtes dazu anbietet. Erinnern Sie sich an Zeiten in Ihrem Leben, in denen Sie diese Energie voll gelebt haben, und genießen Sie diese Erinnerung. Sie werden sie auch jetzt wieder in Ihr Leben holen. Denken Sie an Ihren Lieblingsbaum, lassen Sie sein Bild vor Ihren inneren Augen entstehen: Wie schön er dasteht in der Vorfrühlingszeit. Seine aufspringenden Knospen lassen Sie ahnen, wieviel Saft und Kraft in seinem Stamm emporsteigen. Sie verbinden sich mit dieser ungestümen Energie, lassen Sie in Ihren Körper fließen, lassen es zu, daß Ihr Geist angeregt wird und schreiten zur Tat.

☴ Sun – das Sanfte, das Eindringende

Wenn der Frühling seinen Höhepunkt erreicht, breitet sich Sun aus.

Das Symbol ist nach unten offen wie ein Baum mit seinen Wurzeln. Zwei feste Yang-Striche lagern über einem Yin-Strich, der von unten in das Zeichen eintritt.

Sein Bild ist das *Holz* auf der Erde und außerdem der *Wind* im Himmel.

Es ist die Zeit, in der das Element *Holz* auf der Erde wirksam wird.

Im Organismus verwirklicht es sich in der *Leber*, in den Farben im *Grün*.

Die Qi-Wirkung der Zeit und der Bäume ist: Geburt, Wachstum, Neues schaffen, Altes ersetzen, produzieren, ausbreiten.

In dieser Zeit wächst sich alles zu dem aus, was im Keim angelegt war. Was Dschen, das Erregende, im Vorfrühling eingeleitet hat, bekommt nun Gestalt und Körper. Die Dinge und Wesen treten in die stofflichen Formen ein, die für sie vorgesehen sind. Im Himmel entsteht durch Sun

Abb. 22

der Wind. Denken Sie nur an einen Gewittersturm (Dschen – Donner, Sun – Wind). Der Wind vertreibt die letzten Wolken, macht den Himmel klar und heiter. Er bläst oft stürmisch, dann wieder sanft und beständig. Er kommt in große Höhen und dringt in tiefe Gräben und in die feinsten Ritzen. Er löst das starre Wintereis, bläst alles weg, was abgestorben ist, und treibt so die Entwicklung voran.

Auf der Erde manifestiert sich in dieser Zeit das Element Holz. Holz (der Baum) ist die Auswirkung von Sun (dem Sanften, Eindringenden). Zu keiner Zeit des Jahres wächst Holz schneller und üppiger als im Frühjahr. In der deutschsprachigen Literatur ist für diese Qi-Qualität der Begriff »Holz« eingeführt worden. Dem chinesischen Verständnis würde unser Begriff »Baum« eher entsprechen. Wir bleiben aber beim Begriff »Holz« und meinen damit das Element, und Sie wissen, daß das Bild dazu der lebendige Baum mit all seinen Eigenschaften ist. Im Baum vereinigen sich das Sun des Himmels und der Erde durch Wind und Holz. Durch den Baum macht sich der Wind sichtbar und hörbar. Der Wind schüttelt den Baum kräf-

tig, bläst durch ihn hindurch, wiegt ihn sanft oder streichelt seine Blätter – in jeder Bewegung des Baums spiegelt sich die momentane Energie des Himmels wider, vereinigt sich in ihm mit der Energie der Erde. Manchmal können Sie einen Baum im Wind ächzen und stöhnen hören. Die alte Eiche läßt ihre dicken Äste knarren und verkündet ihre Stärke. Sie widersteht mächtigen Stürmen, neigt sich nicht wie die Weidenbäume. Die zarte Espe läßt ihre Blätter beim leisesten Windhauch erzittern. – In jeder Baumart erfährt die Energie des Windes ihre spezifische Resonanz.

Holz entwickelt sich organisch, wächst sehr langsam. Mit seinen Wurzeln dringt der Baum in mühevoller Arbeit in die Erde ein, sanft umgeht er steinige Hindernisse, mit den Ästen und Zweigen dringt er in den Himmel ein. Aus Erfahrung wissen Sie, daß die Wirkung des Eindringens im übertragenen Sinn der Beeinflussung tiefgreifend ist, wenn sie lange dauert und ununterbrochen auf ein bestimmtes Ziel gerichtet ist. Dies sind die Eigenschaften, die beide, Wind und Holz auszeichnen; hierin besteht ihre Gemeinsamkeit. Der Himmel ist feinstofflich, unsichtbar, wir nennen diesen Zustand »gasförmig«. Die Erde ist von fester, grober Materie. Deshalb manifestiert sich Sun gemäß diesen Gesetzen im Himmel unsichtbar als Wind und auf Erden sichtbar, stofflich, greifbar als Holz. Wenn Sie in dieser Frühlingszeit Bäume aufsuchen, nehmen Sie unmittelbar teil an der auf Wachstum und Erneuerung ausgerichteten Zeit. Denken Sie an das Volkslied: »Alles neu macht der Mai«.

In den Himmelsrichtungen entspricht Sun dem Südosten und als Tageszeit dem Vormittag, in denen es das sanfte Sonnenlicht bewirkt, das überall mühelos eindringt.

Im Menschenleben entspricht diese Zeit der Jugend. Wenn Sie sagen, ein Mensch steht in voller Blüte, treffen Sie diese Zeitqualität genau. Der Verfasser der Bücher des *Nei King*, der berühmte Kaiser Hoang Ti (2800 v. Chr.), erläutert in einem Gespräch mit seinem Berater Khi Pa, wie der Mensch sich im Frühling verhalten sollte, um seine Gesundheit nicht zu gefährden: »Sich in der Abenddämmerung niederlegen, im Morgengrauen aufstehen und einen Morgenspaziergang machen mit freien und herabhängenden Haaren in bequemer Kleidung ... Produzieren, aber niemals zerstören; geben, aber niemals wegnehmen; belohnen, aber niemals bestrafen: das bedeutet, der Energie des Frühlings entsprechen und im Einklang mit dem Tao sein. Handelt man nicht so, verletzt man die Leber ... «[1]

Qi-Meditation mit Sun, dem Wind und dem Holz

Wenn Sie schon lange einen Plan verwirklichen oder sich einen Wunsch erfüllen wollen ...

Sie beobachten, wie sich in der Natur alles zu dem auswächst, was im Samen angelegt war und im Keimen aufgebrochen ist. Welche Zeit eignet sich dazu besser, Ihre Phantasie, das, was Sie in Gedanken bereits vorbereitet haben, nun in Wort und Tat zu verwirklichen! Genauso, wie die Erscheinungen der Natur jetzt in ihre Form einströmen, werden Sie Ihren Plänen Raum geben, damit sie

Wirklichkeit werden können. Was Ihren Plänen im Weg steht, was überholt ist oder hinderlich, von dem lassen Sie ab. Sie wissen, daß es auch einige Mühe kosten kann, wenn Sie sich von Gewohntem verabschieden. Vielleicht benötigen Sie einen Frühlingswind, der Ihnen hilft. Soll der Wind nur sanft wehen, oder lassen Sie einen richtigen Sturm aufkommen? Bitten Sie Ihr Unbewußtes, Ihnen das passende Bild zu schicken. An der Art des Windes – ob heftig oder sanft, an seinen Folgen – können Sie erahnen, wie Sie Ihren Plan durchführen werden. Auf jeden Fall warten Sie ab, bis der Wind sich gelegt hat. Dann holen Sie Ihren Lieblingsbaum vor Ihr inneres Auge. Hat er den Frühlingswind gut überstanden? Betrachten Sie ihn so lange, bis er überall grüne Blätter treibt, sich über und über mit Blüten bedeckt, sich zum Himmel streckt und den Boden mit seinen Wurzeln nach Nahrung durchwühlt. Nun spüren Sie nach, was es bedeutet, Raum zu bekommen, sich auszudehnen in alle Richtungen. Dieses Fließen, das Gestalt-Werden, sich in der Materie verdichten – wie Ihnen das Ihr Baum vorlebt! Denken Sie an das, was Sie vorhaben. Sie merken zwar, daß es Sie eine Menge Mühe und Ausdauer kosten wird, es zu verwirklichen, aber Sie wissen genau, daß es Ihnen die Mühe wert ist. Sie spüren, daß Sie beständig und ausdauernd sein können, so wie es Ihr Baum Ihnen vorlebt. Jetzt fühlen Sie die gleiche unbändige Wachstumskraft in sich. Sie malen sich aus, wie es ist, wenn Ihr Plan gelungen ist. Ein Gefühl von Zufriedenheit durchströmt Sie.

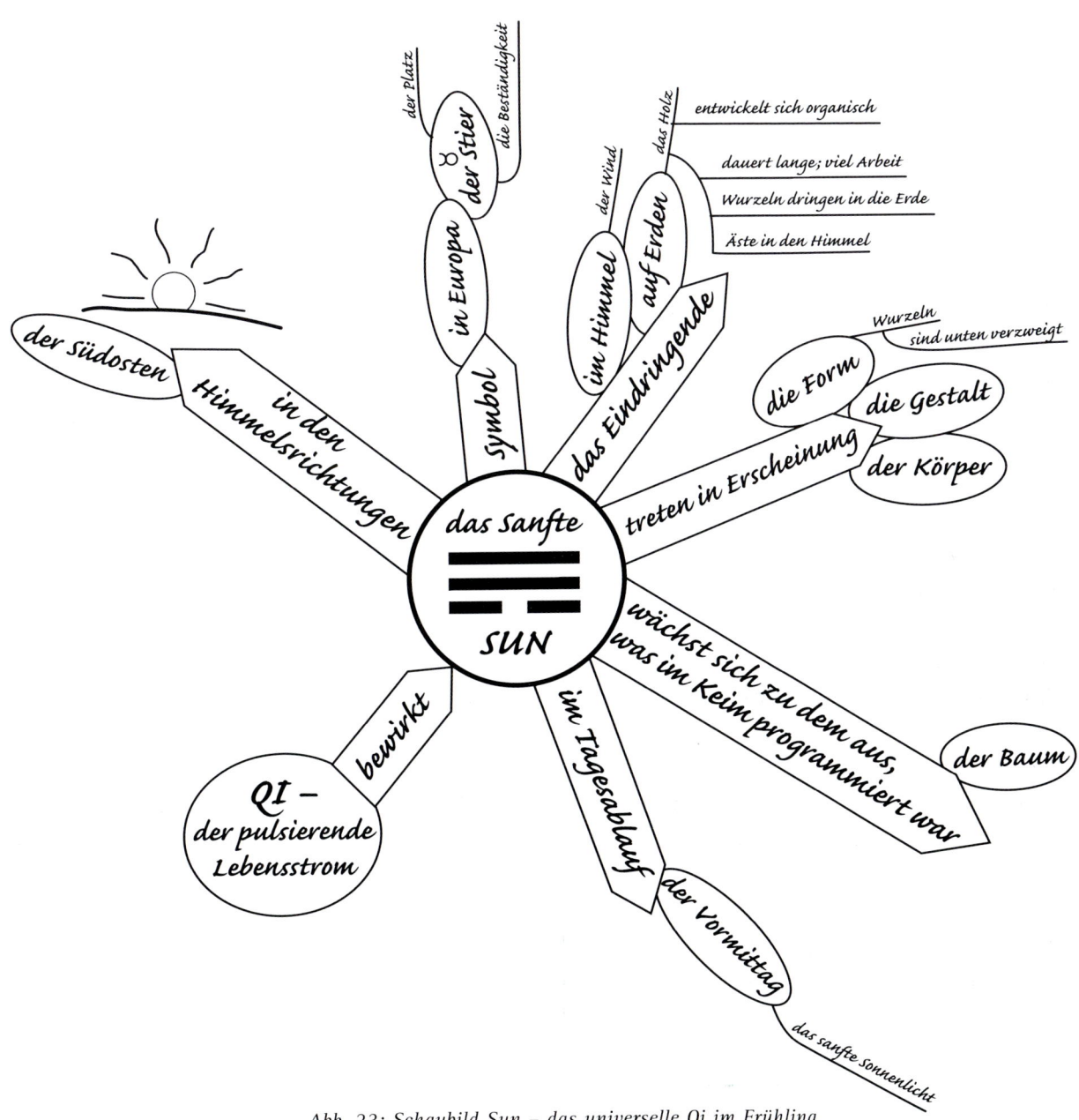

der Platz

der Stier

die Beständigkeit

das Holz

entwickelt sich organisch

dauert lange; viel Arbeit

Wurzeln dringen in die Erde

Äste in den Himmel

in Europa

im Himmel

der Wind

auf Erden

Wurzeln

sind unten verzweigt

die Form

die Gestalt

der Körper

der Südosten

in den Himmelsrichtungen

Symbol

das Eindringende

treten in Erscheinung

das sanfte

SUN

wächst sich zu dem aus, was im Keim programmiert war

der Baum

bewirkt

im Tagesablauf

QI – der pulsierende Lebensstrom

der Vormittag

das sanfte Sonnenlicht

Abb. 23: Schaubild Sun – das universelle Qi im Frühling

Li – das Haftende, das Feuer

Im Sommer herrscht Li.

Das Symbol besteht aus einem Yin-Strich, der zwischen zwei Yang-Strichen eingeschlossen ist, an diesen haftet wie die Flammen am Holz.
Sein Bild ist das *Feuer*.
Es ist die Zeit, in der das Element *Feuer* wirksam wird.
Im Menschen verwirklicht es sich im *Herzen*, in den Farben im *Feuerrot*.
Die Qi-Wirkung der Zeit und der Bäume ist Fülle, Hitze.

Die heißen Sommertage bringen diese Zeitqualität. Die Energie ist weniger ungestüm als im Frühjahr. Was in dieser Zeit durch Sun verwirklicht wurde, ist im Sommer die Grundlage für Li, das Haftende, das Feuer. Das Feuer haftet am brennenden Holz und verzehrt es. Ebenso haftet das Licht an den Erscheinungen der Natur, macht sie sichtbar und zerfällt an ihnen in Farben. Der Lebenspro-zeß schreitet fort vom vegetativ organischen Bereich hin zum seelisch bewußten. Wir menschlichen Wesen erblicken einander im Zeichen des Haftenden, finden zu Beziehungen und Abhängigkeiten. Indem wir eine andere Person wahrnehmen, treten wir in Beziehung. Unsere Blicke haften am Gegenüber. Wir haben in unserem Sprachgebrauch viele Redewendungen, die diese Vorstellung deutlich zeigen: »Jemand hängt an einem anderen in brennender Begierde, ist in Leidenschaft entflammt, ist ein feuriger Liebhaber, verzehrt sich vor Sehnsucht ... « Die Pflanzen leuchten in ihrer schönsten Farbenpracht und locken mit ihren Blüten Bienen, Hummeln, Schmetterlinge, die Partner ihres Befruchtungsrituals, an. Wenn Sie im Sommer Baum-Qi-Gong machen, empfangen Sie von jedem Baum vermehrt das Yang der Natur. Die Sonne steht im Süden am Zenit, Licht und Wärme erreichen ihre höchste Kraft. Jede Mittagsstunde bringt dem Tag das meiste Licht und Wärme und ähnliche Energie wie die Sommerzeit.

Welche Ratschläge gibt Khi Pa für die Sommerzeit? – »Sich in der Abenddämmerung ins Bett legen, im Morgengrauen aufstehen, nicht den langen Tag fürchten, den Willen frei von Zorn halten, den Geist frisch und verfügbar, die Energie aus dem Inneren frei nach außen fließen lassen: das bedeutet Übereinstimmung mit der Energie des Sommers. Handelt man nicht so, verletzt man das Herz.« [2]

Abb. 24

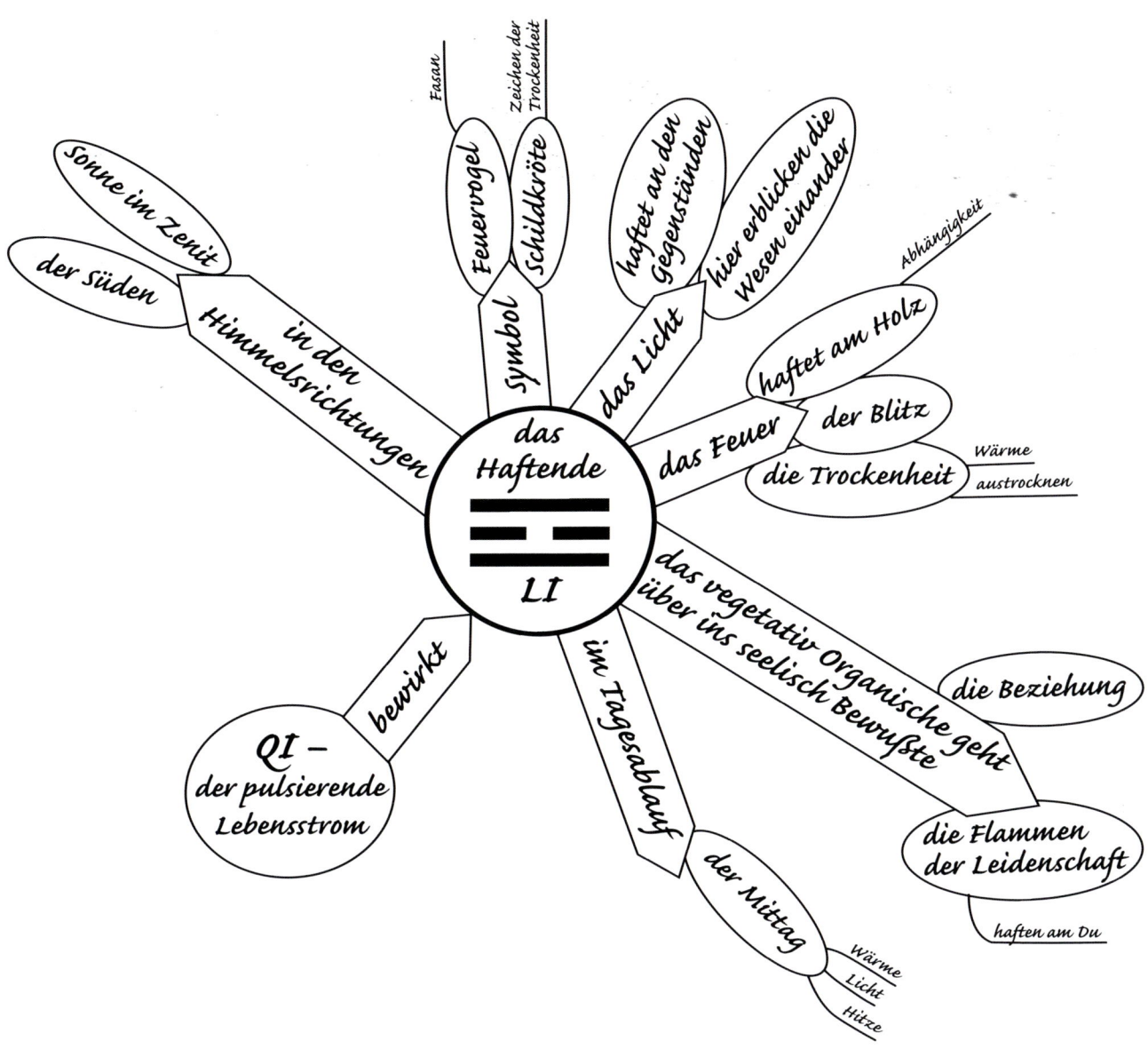

Abb. 25: Schaubild Li – das universelle Qi im Sommer

Qi-Meditation mit Li und dem Element Feuer

Wenn Sie Ihre Beziehungen harmonisieren wollen ...

In der Sommerzeit ist unser ganzer Tagesablauf geprägt von dem anregenden, wärmenden, hellen Feuerelement. Das Aufstehen frühmorgens fällt allen leichter als während des übrigen Jahres. Unsere Kleidung ist angenehm locker, die Abende dauern lange und erlauben uns viele Aktivitäten. So durchdrungen ist die Sommerzeit von Hitze und Licht, daß es uns schwerfällt, dem Element Feuer jetzt auch noch in Gedanken Raum zu geben. Um zu meditieren, warten Sie auf eine Tageszeit, in der es angenehm kühl ist. Sie möchten vielleicht ein Feuer im Kamin machen, um das Feuer zu sehen und die Wärme des brennenden Holzes auf der Haut zu spüren. Oder Sie machen sich im Geist ein Bild davon: einige Zweige liegen schon im Kamin, die Flammen beginnen die dürren Zweige zu erfassen, mit Knistern und Knacken verlieren diese ihre Gestalt und sinken in sich zusammen. Dann erlöscht an ihnen das Feuer.

Hier sehen Sie deutlich, was das bedeutet: Feuer haftet am Holz. Feuer lodert immer von der Erde zum Himmel. Über Gewohntes denkt man viel zu selten nach. Sie verfolgen die sich ständig wandelnden Formen der Flämmchen, wie sie am Holz emporwachsen, darüber hinweghuschen, gierig daran naschen, sich aufrichten, groß werden und sich an der Spitze in einer flirrenden Luftsäule auflösen. Feuer hat keine dauernde Gestalt. Wenn Sie das Holzscheit aus den Flammen ziehen, wenn Sie es dem Feuer nehmen, hat es nichts, worauf es brennen kann. Es ist angewiesen auf das Holz, es ist von ihm abhängig. Spüren

Sie, daß Ihnen dieses Wort nicht gefällt? Abhängig sein, hängen an etwas, an jemandem? Wenn Sie statt der Holzscheite Ihre Abhängigkeiten hineinlegen in das Feuer, woran entzündet sich das Feuer Ihrer Gefühle? Langsam legen Sie für jede Beziehung, die Ihnen in den Sinn kommt, ein Stück Holz in den Kamin. Schon an der Größe der Hölzer, die Ihnen Ihr Unbewußtes in die Hand gibt, merken Sie, wie bedeutend einzelne Beziehungen für Sie sind.

Dann beobachten Sie das Feuer. Schon längst hat sich das Feuer Ihres inneren Auges vor das Feuer im Kamin geschoben. Ihr Sehen ist nur mehr ein inneres. Manche Hölzer brennen gar nicht an. Sie haben es ja gewußt, vieles ist reine Gewohnheit. Nun werden Sie sehr ruhig und beobachten einfach die brennenden Hölzer. Es sind Ihre lebendigen Beziehungen. Es brennt dort, wo Sie abhängig sind. Wieder taucht dieses Wort auf. Die Flammen tanzen ihren Tanz der Abhängigkeit. Sie springen auf und nieder, wie der Rhythmus dieses Wortes. Plötzlich merken Sie, wie das Feuer diese Bedingtheit gelassen hinnimmt. Es will Sie diese Abhängigkeit im Zusammenspiel der Schöpfungskräfte lehren. Es flüstert Ihnen zu: »Unser Licht erlaubt es dir, in Beziehung zu treten zu dir, wenn du dein Gesicht im Spiegel erblickst, und Beziehung zu anderen aufzunehmen, von Angesicht zu Angesicht. Unser Leuchten bewirkt die Abhängigkeiten der Menschen. Was gefällt dir daran nicht? Hängst du an Falschem, an Schlechtem? Hängst du daran mit Gier oder mit Angst? Es liegt an dir, die Hölzer deiner Abhängigkeit brennen zu lassen oder auszulöschen. Aber bedenke, wenn du alle Hölzer wegnimmst, wird es kalt und einsam im Zimmer. Mach es doch wie wir! Wir lehren dich, daß du an Menschen und

Dingen haftest, an ihnen hängst; aber du sollst dein Daran-Hängen als freiwillige Abhängigkeit annehmen. Verbinde dich mit den positiven, harmonischen Kräften deiner Beziehungen. Mach dich von ihnen abhängig! Dann spürst du, wie die Wärme deiner Gefühle Licht erzeugt! Dann bist du hell und strahlend in deinem Inneren und erleuchtest selbst deine Abhängigkeiten.«

Das Holz im Kamin ist inzwischen in sich zusammengesunken. Langsam nehmen Sie Zweige in die Hand und legen sie ins glimmende Feuer. Jeden Zweig verbinden Sie mit einem positiven Gedanken, den Sie auf eine bestimmte Person beziehen. Sie formen die Worte in Gedanken und mit Ihrem Mund. Die Flammen kontrollieren die Ehrlichkeit Ihrer Gefühle. Manches müssen Sie vielleicht öfters wiederholen, bis die Flammen überzeugt sind. Dann züngeln sie heiter um ihre Zweige. Das Holz knackt laut und Funken fliegen. Sie lachen leise, weil Sie jetzt wissen: Immer wenn Funken sprühen, lacht auch das Feuer.

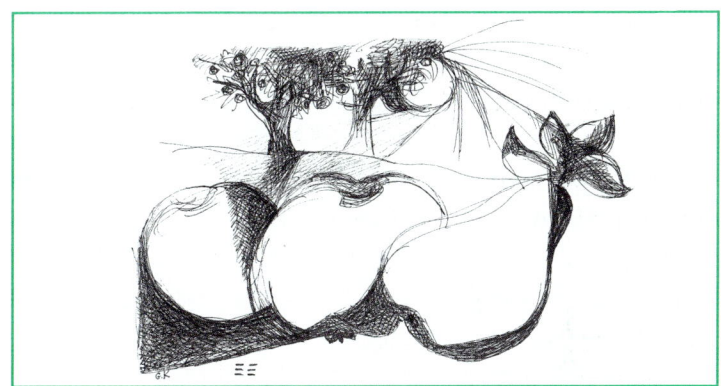

Abb. 26

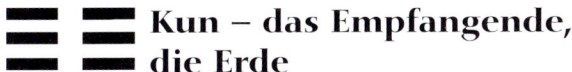 Kun – das Empfangende, die Erde

Im Spätsommer wirkt Kun.

Das Symbol besteht aus drei Yin-Linien, alle offen und weich. Sein Bild ist die *Erde*.

Es ist die Zeit, in der das Element *Erde* wirksam wird.

Im Menschen verwirklicht es sich in den Organen *Milz/Pankreas* und *Magen*, in den Farben im *Gelb*.

Die Qi-Wirkung der Zeit und der Bäume ist Hingebung, Ernährung, Feuchtigkeit, Reife.

Kommt der Spätsommer, so wird das Feuer des Sommers milder. Die Natur ist noch in Fülle, aber ruhig und friedlich. Das Holz des Frühlings hat durch das Feuer des Sommers eine Wandlung vollzogen. Es ist zu Erde geworden. Erde meint den Planeten Erde, die Mutter der Natur, die ohne Unterschied von »gut« und »böse« alles Leben trägt, alle Wesen ernährt. Erde meint auch den gepflügten Boden, der in gemeinsamer Arbeit bereit gemacht wird, damit er neue Samen empfangen kann. Von feuchtem Humus umhüllt, bewahrt im Schoß der Erde, bereiten sich die Samen auf ihr späteres Keimen vor. Jetzt drängt alles zur Reife. Die Früchte auf dem Feld werden eingesammelt. Der Saftstrom im Baum hat die Früchte ernährt und zur Reife gebracht. Es gibt Nahrung im Überfluß, aber auch Arbeit, denn nun kann die Ernte beginnen. Die Pflanze hat ihre Blütenblätter verloren. Die Ähren hängen schwer am Stengel, drücken ihn zur Erde. Jeder Baum schenkt Ihnen nun etwas von dieser gesättigten Atmosphäre.

In den Himmelsrichtungen entspricht Kun dem Südwesten, als Tageszeit ist es die Zeit des Nachmittags, bei

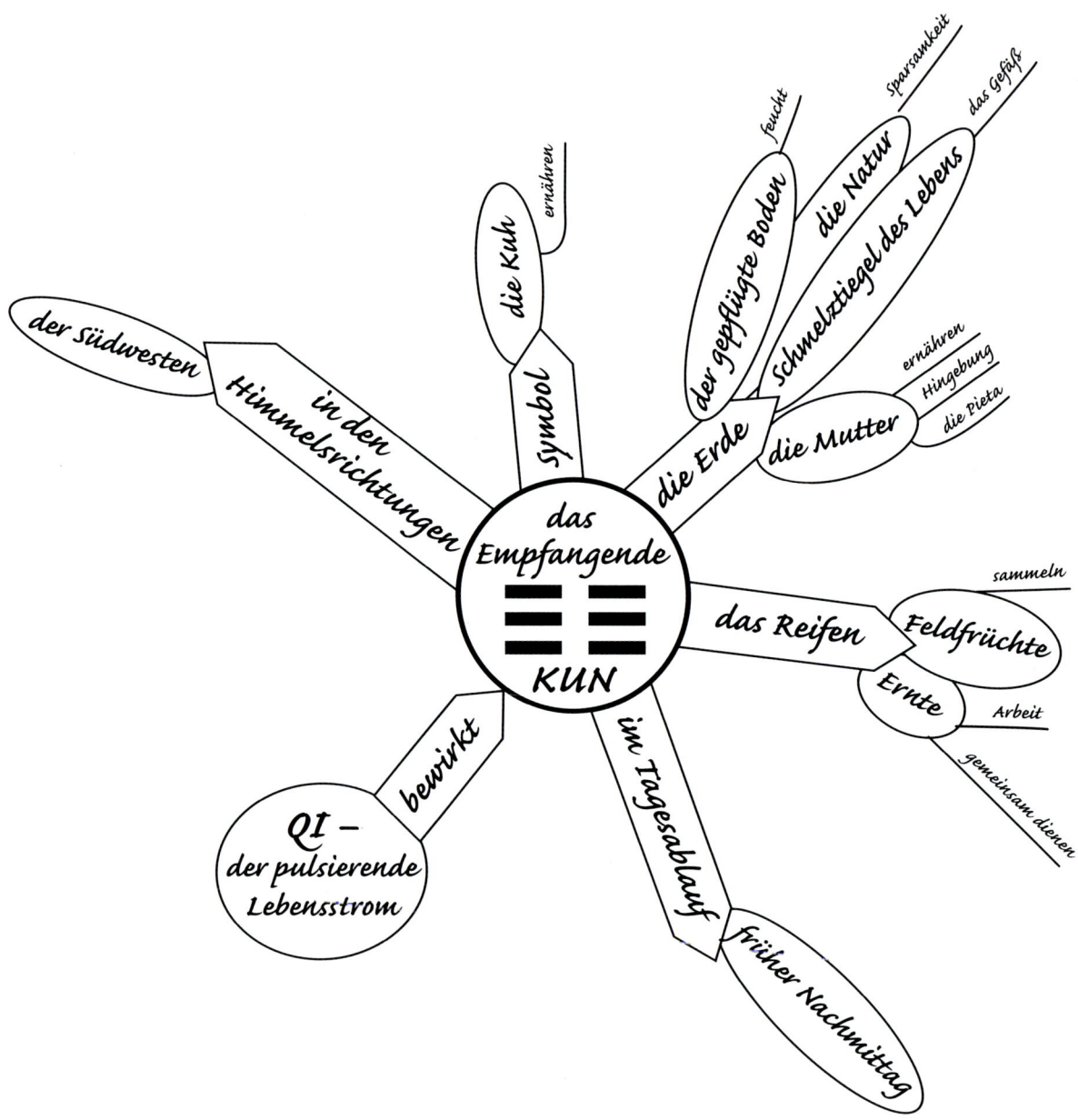

Abb. 27: Schaubild Kun – das universelle Qi im Spätsommer

den Briten ist *tea time*. Khi Pa meint dazu im *Nei King*: »Sich in der Abenddämmerung zu Bett legen, im Morgengrauen beim Hahnenschrei erwachen, aber erst aufstehen, wenn diese den Stall verlassen, den Willen in Ruhe lassen, übermäßige Aktionen dämpfen, das ist das Tao [Vorschrift] ... «[3]

Qi-Meditation mit Kun und dem Element Erde

Wenn Sie Klarheit in Ihre Gedanken bringen wollen ...

Die längsten Tage des Jahres sind vorüber, aber es liegt noch genug Hitze in der Luft, um die Ähren des Getreidefeldes reifen zu lassen. Ein leichter Wind bläst über die Felder und bringt die schweren Halme in Bewegung. Wie Wellen eines goldenen Meeres schwingen sie in sanften Wogen, verbinden sich vor Ihren Augen zu einem Gesamtkörper und lassen Sie die Einzelheiten vergessen. Wenn sich eine Wolke vor die Sonne schiebt, beruhigen sich die goldenen Farben. Dann überstrahlt der Himmel den satten Ockerton. Der Feldweg ist gesäumt von Gräsern, von verblühten Blumen, die noch letzte, verwegene Blüten treiben, wie etwa die Königskerzen. Die Hundskamille hat schon prächtige Samenhüte aufgesetzt. Gedankenverloren lassen Sie die Grashalme durch Ihre Hände gleiten. Dabei fallen reife Samen in Ihre Hand. Eine Weile behalten Sie diese, dann verstreuen Sie alle und streifen wieder neue Samen von den Ähren. Irgendwie ist es ein Ernten ohne Mühe.

Am Rande des Feldes zieht ein Bauer mit einem Mähdrescher Reihe für Reihe seine Spur ins Korn. Bis zum Abend wird das Feld abgeerntet sein. Im Weitergehen kommen Sie an ein Feld, das bereits gepflügt ist. Tiefe Furchen hat der Pflug hier in die Erde gezogen. Sie setzen sich an den Wegrand und betrachten den Boden. Er riecht ein wenig feucht. Einige Strohstoppeln ragen aus dem frischen Erdreich. Lassen Sie die Grassamen aus Ihrer Hand auf die Erde rieseln. Sehen Sie, manche bleiben schon auf der nächsten Krume liegen. Andere kollern weiter und verschwinden in Erdspalten. Einige bläst der Wind sogleich auf den steinigen Weg. Wie wird es mit euch Hoffnungsträgern neuen Lebens weitergehen? Die Erde entscheidet, was wächst und gedeiht. Der Wind und der Regen helfen nur dabei. Die Erde entscheidet, obwohl sie nicht auswählt. Denn sie legt die Bedingungen fest. Sie empfängt und es gedeiht; sie nimmt auf und es verkommt – je nach den Bedingungen, welche die Erde bietet. Der Same sucht die Erde, nicht die Erde den Samen. Fast neidisch denken Sie: »Die Erde muß nicht abwägen, was gut ist, was wachsen soll, oder was schlecht ist, was verdorren soll.«

Ihre Entscheidungen sind getragen von der Unfehlbarkeit des Paradieses. Ihre Gedanken sind wie Samenkörner. Ein Gedanke, ein Korn; Sie lassen ein Korn in den Boden fallen ... und wieder eines. Immer schneller: ein Gedanke, ein Korn, eine Idee, ein Korn. Dabei Ihre Überlegung: »Meine Gedanken sind wie Samenkörner. Sie nisten sich ein in mein Bewußtsein, wie die Samen im feuchten Erdreich. Manche fallen und verkommen, wie die, die auf den Steinen landen. Nach welchen Bedingungen nehme ich auf? Welche Gedanken behalte ich, lasse sie keimen, Früchte tragen? An meinen Früchten sollt ihr mich erkennen. Erde, ich beneide dich! Deine Sicherheit zu entscheiden ist dort zu Hause, wo Gut und Böse noch keine Be-

deutung haben. Soll ich klare Ideen, Gedanken, Überlegungen, aufnehmen oder verdorren lassen? Immer werden sie gefiltert durch meine Fragen: ›Handle ich so richtig? Was ist das Richtige? Was ist das absolut Richtige?‹ Jede dieser Fragen preßt das Erdreich meiner Ideen zusammen, verfestigt es, bis nichts mehr darauf keimen kann. Ich nehme Erde in meine Hände, rieche daran. Langsam fällt sie zwischen meinen Fingern wieder zu Boden. Was lehrst du mich, Erde? Soll ich die Sicherheit im Entscheiden in meiner inneren Stimme suchen? Nein, ich frage dich nicht weiter, Erde. Die Frage ist an mich gerichtet. Ich allein kann entscheiden, was ich keimen lasse oder was auf steinigen Grund fällt und abstirbt. Aber nicht durch ständiges Eingreifen, nein, durch die Bedingungen, die ich festlege. Ich lasse meine Gedanken dort wachsen, wo ich überzeugt bin, daß das, was daraus entsteht, mir und anderen Freude bereitet. Dann erscheinen die Blumen der Lebensfreude in prächtigen Farben. Ich entscheide mich für das Schöne, und es wird niemandem Schaden zufügen.«

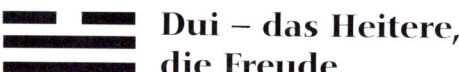 ## Dui – das Heitere, die Freude

Im Frühherbst regiert Dui.

Das Symbol besteht unten aus zwei Yang-Strichen und
  einem Yin-Strich darüber, der sich nach oben öffnet.
Sein Bild ist der *See*, eine ruhige Wasserfläche, die nach
  oben verdunstet.
Dui, das *Heitere*, ist ein Zustand.
Farbe und Organ werden den Fünf Elementen zugeordnet.

Abb. 28

Die Qi-Wirkung der Zeit und der Bäume ist Reife, Freude. Die Eigenschaft des Wassers, immer zusammenzufließen und sich an der tiefsten Stelle zu sammeln, ist durch das Bild des Sees dargestellt. Der See erfreut alle Wesen mit dem Anblick seines ruhenden Wassers. Wie gerne lassen sich Menschen an seinem Ufer nieder und genießen die heitere Stille, die sein Anblick verströmt. Indem sein Wasser verdunstet, schenkt er seiner Umgebung Feuchtigkeit, das dankt ihm die üppige Vegetation. Die Fische und Wassertiere leben genauso von ihm wie die Tiere und Menschen an Land. Wenn Sie die Eigenschaften des Sees auf die Psyche des Menschen übertragen, deutet dies auf eine Persönlichkeit hin, die in sich gesammelt ist und Ruhe verbreitet wie ein See. Ein Mensch, in dessen Innerem Wahrheit und Stärke wohnen, kann seiner Umgebung in Milde begegnen, und die anderen kommen gerne zu ihm. Denn durch seine Freundlichkeit gewinnt er die Herzen der Mitmenschen. Freundlichkeit heißt nicht Weichheit und Nachgiebigkeit, sie ist vielmehr getragen von Festigkeit und Stärke.

Es ist die Zeit, in der sich die Energie der Pflanzen in den Samen gesammelt hat. Die reifen Kastanien und

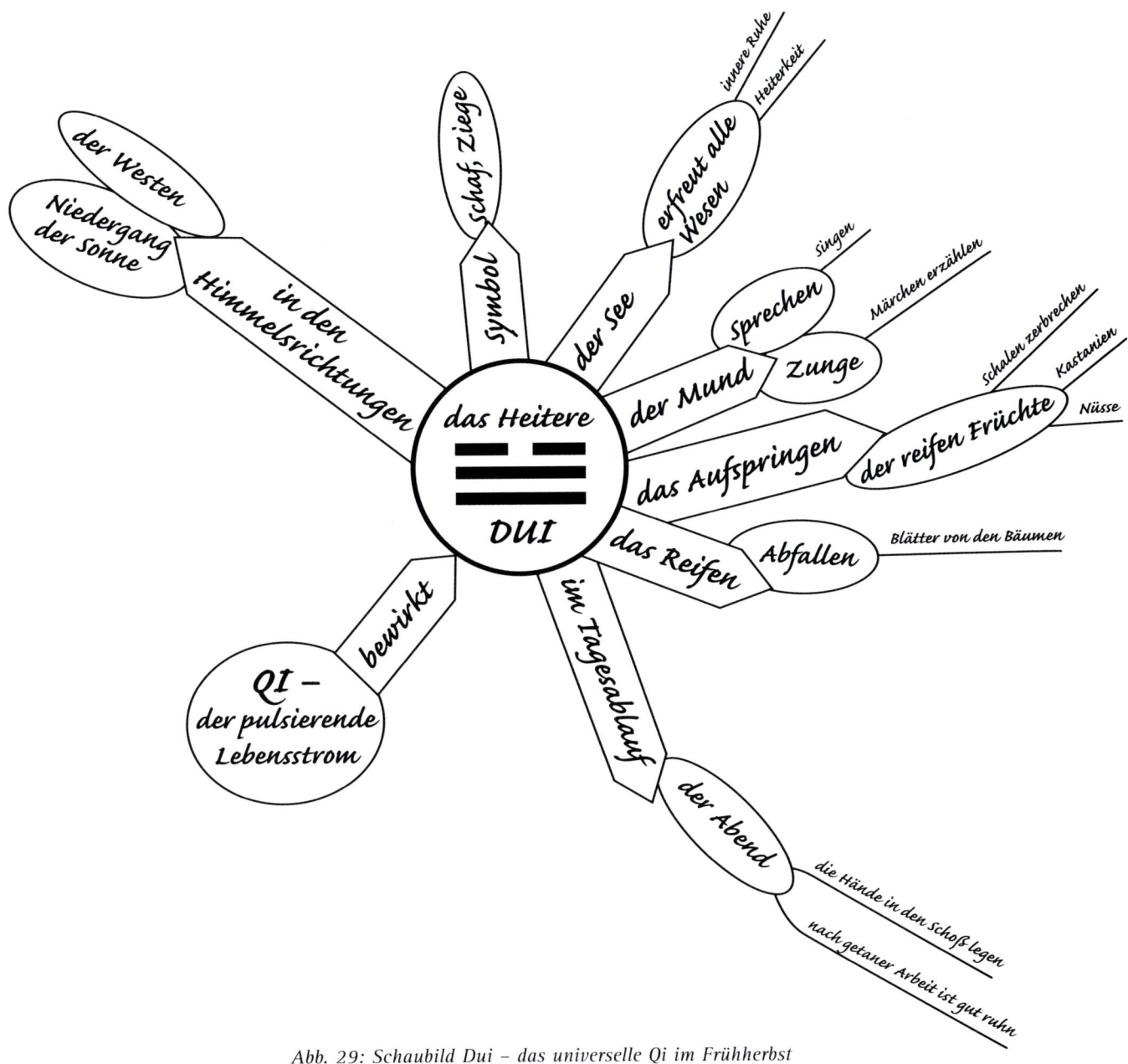

Abb. 29: Schaubild Dui – das universelle Qi im Frühherbst

Nüsse springen auf, es ist Altweibersommer. Beim Menschen öffnen sich die Lippen und löst sich die Zunge zu Gesang und heiterem Gespräch. Es ist die Zeit des Überflusses und des Erntedankfestes.

Dui entspricht dem Westen in den Himmelsrichtungen und dem Abend eines jeden Tages, der Feierstunde, in der die Menschen vor der Zeit des Fernsehens ihre Geschichten erzählten.

Qi-Meditation mit Dui und dem See

Wenn Sie Ihre Persönlichkeit festigen und Gelassenheit erreichen wollen ...

Wo gäbe es einen geeigneteren Platz, über das Bild eines Sees nachzusinnen, als eben am Ufer eines Sees. Es ist kein großer See, den Sie sich vor Augen rufen. Ein Teich, über dessen ruhiges Wasser Ihr Blick gleitet ... bis zu den Schilfinseln und wieder zurück zu den runden Kieselsteinen vor Ihren Füßen. Sie haben sich auf einer sonnendurchwärmten Steinplatte niedergelassen. Wenn Sie Ihre Füße ein wenig nach vorn schieben, berühren Ihre Zehen den Saum des Wassers, und kleine Wellen umspülen Ihre Zehen. Neben Ihnen liegen einige größere Steinblöcke, die das Ufer befestigen. Sie sind grob behauen und in manchen Vertiefungen steht noch das Wasser vom letzten Regen. Winzig kleine Seen haben sich hier gehalten. Sie schieben mit Ihrer Handfläche das Wasser über den Rand einer solchen Vertiefung, und mit einem Schwall landet es im Teich, macht einige Wellen und ist aufgenommen im Ganzen. So entleeren Sie einige kleine Wasserinseln, und immer wieder zeigen sie Ihnen: Tropfen zu Tropfen, Was-

ser zu Wasser ... alle hüpfen, laufen, fließen zusammen. Sie sammeln sich ohne Eile, kommen zusammen, ohne zu suchen. Sie passen sich an, ohne dabei ihre Eigenart zu verlieren.

So ruhend und friedvoll liegt das Wasser vor Ihnen. Sonnenstrahlen streichen über die Wasserfläche und entziehen ihr Feuchtigkeit. Dabei erlöschen sie in funkelnden Farbspritzern und tauchen in die Tiefe. Unsichtbar erscheinen sie wieder und legen sich als Schleierdunst über das Wasser. Ruhe breitet sich in Ihnen aus; Sie haben diese Ruhe empfangen durch Ihr Schauen aus dem Inneren heraus ... zurückgesandt vom spiegelnden Seeauge. Der Frieden des Sees hat etwas Erhabenes; er ist schön, macht Sie angstlos heiter, läßt Sie nicht suchen nach Ablenkung. Suchen, Sucht, süchtig ... wie weit sich diese Worte entfernt haben. Sie sind an den Rand Ihrer Aufmerksamkeit gedrängt, denn Ihr Zentrum ist gespeist aus einer Quelle innerer Freude. Am Grunde des Sees, da unten, vor Ihren Blicken gut gehütet, muß auch eine Quelle sein. Sonst hätten die Sonnenstrahlen den See irgendwann gänzlich aufgesogen. Dann würden Sie hier in eine ausgetrocknete Grube sehen ... von Zeit zu Zeit aber würden Wasserläufe hier zusammenkommen und sich sammeln und aufstauen zu einer neuen Wasserfläche. Sie denken: »In einem ähnlichen Zustand befindet sich wohl ein Mensch, der sich innerlich leer fühlt und erwartet, daß die Freuden von außen an ihn herangetragen werden. Ein verdunsteter See ist wie ein emotional ausgetrockneter Mensch. Er muß um Unterhaltung betteln, wie die Grube darum, daß ihr Wasser zulaufen möge. Damit hat er endgültig die Freiheit seiner inneren Heiterkeit verloren. Denn diese kommt nur, wenn sein Begehren schweigt.«

Während Sie das denken, spielen Ihre Zehen mit dem Saum des Wassers und graben sich immer tiefer in den feuchten Sand. Sie heben einen Stein auf. Schwer liegt sein Gewicht in Ihrer Hand. Anders als Wasser hat er eine feste Gestalt. Fast scheuen Sie sich, ihn ins Wasser zu werfen, diese Ruhe zu stören. Dann entgleitet er Ihren Fingern doch. Schnell hat ihn das Wasser geschluckt. Kreise zeichnen noch eine Weile seinen Einschlag nach. In Ihre Gedanken drängt sich ein Haiku: »Alter Teich in Ruh, Fröschlein hüpft vom Ufersaum, und das Wasser tönt.« – » ›Alter Teich in Ruh ...‹, wie schön diese Worte über das Wasser streichen. ›Fröschlein hüpft vom Ufersaum ...‹ Ich weiß, ›Fröschlein bin ich, meine Freunde, meine Mitmenschen. Wir schlagen oft laute Wellen um unsere Wichtigkeit und vergessen, daß unsere ›Geschäftigkeit nur eine kurze Unterbrechung in die Ruhe der ewigen Zeitlosigkeit bringt‹.[4] Ja, alter Teich, langsam lerne ich deine Sprache verstehen. Gib mir etwas von deiner Weisheit, lehre mich deine Sammlung nachzuvollziehen. Bring mir bei, wie ich auf Einflüsse reagieren kann, ohne meine Identität zu verraten. Alter Teich, sei mein Lehrer. Laß mich eintauchen in deine Sicherheit, schenke mir etwas von deiner Sammlung, daß auch ich die Heiterkeit eines zufriedenen Herzens erlange. Alter Teich, mein junges Leben ist eine Mücke gegen dein Alter, aber ich kann mich in dir spiegeln. Ich muß nicht wissen, woher ich komme, ich muß nicht wissen, wohin ich gehe. Mir genügt es, daß ich bin.«

Kien – das Schöpferische

Im Herbst dominiert Kien.

Das Symbol besteht ausschließlich aus drei Yang-Strichen, stark, fest, ungeteilt.
Sein Bild ist das *Metall.*
Es ist die Zeit, in der das Element *Metall* wirksam wird.
Im Menschen verwirklicht es sich in der *Lunge.*
Seine Farbe ist *Metallisch-Weiß.*
Die Qi-Wirkung der Zeit und der Bäume ist Gleichgewicht, Beherrschung, Sammlung und Aufnehmen, Verteilung und Abgeben, Trockenheit.

Das Empfangende, die Erde, hat das Element Metall vorbereitet, das nun im Herbst zu Wirkung kommt. Erinnern Sie sich, das Symbol für Erde besteht ausschließlich aus Yin-Strichen. Im Gegensatz dazu entsteht das Symbol für Metall durch drei Yang-Striche. In der Erde, in ihrem tiefen Inneren entsteht Yang – hart, stark, fest. Im weichsten Yin tritt das härteste Yang in Erscheinung. In der weichen Erde wächst das Härteste, was wir kennen: Metall. Der

Abb. 30

gleiche Vorgang, der im Yin- und Yang-Symbol festgehalten ist, wird hier in einem Lebensprozeß verfolgt. Ich würde statt »Metall« lieber das Wort »Erz« verwenden, aber um Unklarheiten zu vermeiden, bleibe ich bei dem schon länger eingeführten »Metall«. Mit Erzen verbinde ich die Vorstellung, daß sie in der Tiefe der Erde lagern. Sie entstehen im Inneren der Erde, deshalb sprechen wir auch von »Bodenschätzen«, die von Menschen in mühevoller Arbeit abgebaut werden. Metall hingegen wird erst aus dem bearbeiteten Erzgestein gewonnen. Metalle sind Gold, Silber, aber auch Blei, Kupfer, Eisen. Ganze Epochen der Menschheit werden nach den zu dieser Zeit hauptsächlich verarbeiteten Metallen benannt, z.B. die Bronzezeit oder die Eisenzeit. Um jeden Erzabbau ranken sich Sagen von guten Helfern oder Zwergen, die im Inneren der Berge wohnen, ihre Schätze behüten oder je nach Laune auch mal verschenken. Sie erzählen davon, wie die Wächter der Erze gut gestimmt und besänftigt werden können. Prüfungen müssen bestanden werden, und die Menschen müssen der Erde ihre Schätze in harter Arbeit abringen.

Es ist die Zeit des Herbstes. Das dunkle und das lichte Prinzip haben beide ihren Höhepunkt erreicht und scheinen einander zu bekämpfen. Die Tage werden immer kürzer. Die lichte, schöpferische Kraft hat sich in den Himmel zurückgezogen. Wanderer oder Bergsteiger werden dies bestätigen. Nie ist der Himmel klarer, höher, weiter weg als im Herbst im Gebirge. Auf Erden herrscht die Dunkelheit, das lichte, starke Yang hat sich tief im Erdinneren gesammelt und als Metall konzentriert. Denken Sie nur, wie glänzend, funkelnd und hell Metalle sind, wenn sie wieder mit Licht in Berührung kommen. Denken Sie an Gold oder Silber. Auf der Erdoberfläche sind die Auswirkungen der Dunkelheit zu spüren. Die Feuchtigkeit schlägt sich als Reif zu Boden. Das Licht nimmt ab, und so verlangsamen sich alle Lebensprozesse, auch die Arbeit der Hände ruht, es ist eine Zeit für geistige Tätigkeit. Es werden keine Pläne mehr für die Zukunft geschmiedet. Es ist die Zeit des Zurückblickens, der Bestandsaufnahme. Nun zeigt sich, was bisher geleistet wurde. Kein Laub bedeckt mehr die Baumkronen. Der Rückzug hat auch hier begonnen, der Lebenssaft fließt langsamer. Die Mikroorganismen machen aus Blättern und Stengeln wieder Erde.

Kien ist dem Nordwesten in den Himmelsrichtungen und der Nacht bis gegen Mitternacht zugeordnet. Khi Pa gibt Anweisung: »Die Geistesenergie bewahren und die Energie der Lungen reinigen, sich nicht von Traurigkeit oder Unruhe ergreifen lassen, Sammeln und Vorrat anhäufen ist die Herbstenergie, handelt man nicht so, verletzt man die Lungen ... «[5]

Qi-Meditation mit Kien und dem Element Metall

Wenn Sie mit einem Verlust fertig werden wollen ...

Die Felder sind längst abgeerntet und wieder frisch gepflügt. Wahrscheinlich ist die Wintersaat bereits ausgebracht. Die Krähen werden bald kommen und im trockenen Erdreich mit ihren starken Schnäbeln herumstochern. Manche Menschen mögen die Krähen nicht, weil sie in ihnen die Vorboten des Absterbens sehen. Ein Blick zum

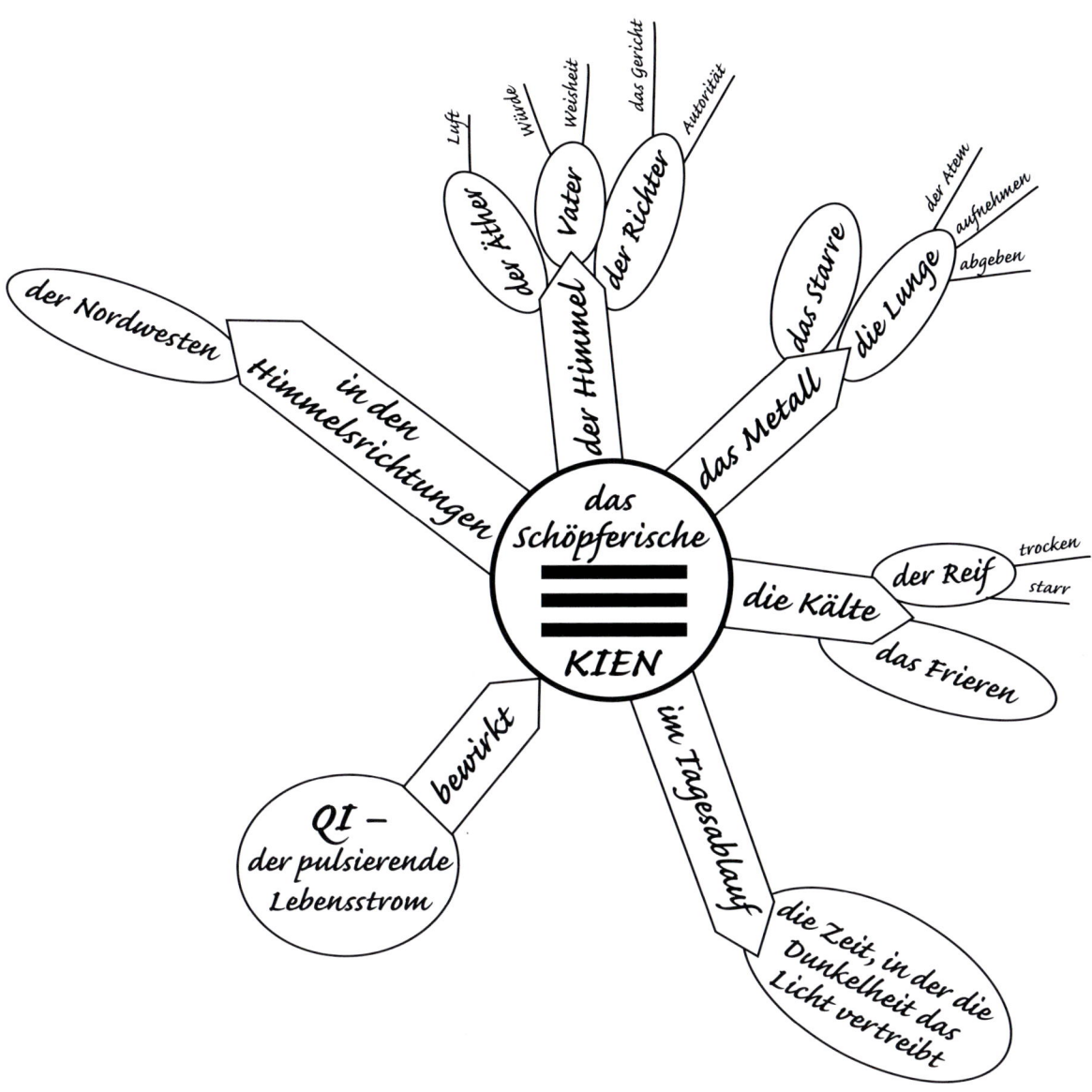

Abb. 31: Schaubild Kien – das universelle Qi im Herbst

Himmel sagt Ihnen, die Bäume der Alleen haben seit dem Sommer ihr dichtes Laubdach gelichtet. Nun können Sie bereits weit hindurchsehen. Heuer hat sich der Herbst mit dem Bemalen der Blätter zu lange Zeit gelassen, und nun haben die letzten kalten Tage das Laub rasch welken lassen. Sie sehen die Bäume so deutlich, daß Sie einen Zweig zu sich herunterbiegen und dem Wind beim Blasen helfen. Einige Blätter taumeln zur Erde. Erst jetzt merken Sie, daß Sie Ihren Atem sehen können. Es ist so kalt geworden ... Das Einatmen ist unsichtbar, aber wenn Sie ausatmen, sehen Sie für einen Augenblick ein Wölkchen. Einatmen, ausatmen ... aufnehmen, abgeben ... interessiert beobachten Sie die fließende Verbundenheit Ihres Körpers mit der Luft, die Sie umgibt.

Plötzlich fällt Ihnen all dies Abgeben und Loslassen auf: Die einjährigen Kräuter am Straßenrand haben ihre Samen ausgestreut, und die welken Blätter vertrocknen am Stengel. Im Straßengraben hat sich schon eine Menge Laub angesammelt, das die Bäume abgegeben haben. Malen Sie sich aus, wie Sie an einem Stamm lehnen und in die Krone schauen. – Ob es dem Baum leid tut, seine schönen Blätter zu verlieren? Läßt er sie gerne fallen? Oder raubt sie ihm der Wind, wenn er rüttelnd und schüttelnd durch seine Krone fegt? Was geschieht, wenn er sie nicht hergeben will, sich gegen die Bedingungen der Zeit wehrt? Reißt ihn dann ein Sturm aus dem Erdreich, oder erdrückt ihn die Schneelast auf seinen Blättern? Ein Lied trägt der Wind herbei: »Das Laub fällt von den Bäumen, das zarte Sommerlaub, das Leben mit seinen Träumen zerfällt in Asche und Staub.« Ein Hauch von Trauer scheint über dem Land zu liegen. All die sterbenden Blätter – das wirkt bedrückend. Tröstend spüren Sie die Wärme des

Baumstammes in Ihrem Rücken. Sie fühlen keine Schwermut in ihm.

»Wie machst du das, Baum, daß dir das Loslassen immer wieder gelingt?« Wie zur Antwort gleitet ein Blatt vor Ihnen zu Boden. Sie heben es auf. Das zarte Adernetz ist jetzt überdeutlich zu sehen, wie das Skelett eines alten Menschen. Am Ende des Stiels ist eine Verdickung, keine Verletzung. Das Blatt ist nicht abgerissen, es hat sich getrennt. Aber bis es so weit war, hat der Baum am Ansatz des Blattstiels eine Zellschicht, eine Grenze aufgebaut zwischen Blatt und Baum, eine »Sollbruchstelle«. Am Zweig, von dem das Blatt fiel, sehen Sie keine Wunde. Hier hat sich schon lange, während die Blätter noch ihre prächtigsten Farben trugen, eine Schicht, eine Haut aufgebaut, um den Verlust schmerzlos zu machen ... Wer das kann! Loslassen ... wie der Baum das Blatt, erst eine Grenze aufbauen, eine Schicht, einen Abschluß ... schließen, verschließen, abschließen, immer fester, immer dichter, dann schmerzlos loslassen. »Bist du so klug und weise, Baum? Nein, dieses Verhalten schenkt dir deine Natur. Dein Laub fällt ab, weil es die Bedingungen der Zeit verlangen und weil es dein Weiterleben sichert. Aber ich seh an dir: Mit einem Verlust fertig werden bedeutet Arbeit. Das Gegenteil davon ist es, in Schwermut zu versinken. Das ist ein passiver Zustand. Trauerarbeit ist aktiv. Das lehren mich deine vielen abgenabelten Blätter.« Schicht um Schicht muß auch ich aufbauen zwischen mir und dem, was ich so gerne noch behalten möchte, immer noch und unbedingt, gegen das Schicksal und die Zeit. Dann lerne ich loslassen, und meine Trauer verblaßt wie die welken Blätter.

Kan – das Abgründige

Im Winter regiert Kan.

Das Symbol besteht aus einer Yang-Linie, die zwischen
   zwei Yin-Linien eingeschlossen ist – wie Wasser in
   einer engen Schlucht.
Sein Bild ist das *Wasser*.
Es ist die Zeit, in der das Element *Wasser* wirksam wird.
Im Menschen entsprechen ihm die *Nieren*. Die Farbe ist
   Schwarzblau.
Die Qi-Wirkung der Zeit und der Bäume ist Sammlung,
   Kälte, sich Zusammenziehen.

Um das Bild des Wassers als Repräsentanten dieser Zeit zu
verstehen, versuchen wir die Eigenschaften und Fähigkeiten des Wassers aus chinesischer Sicht zu betrachten:
Wasser rinnt immer der tiefsten Stelle zu. Sie kennen das.
Oft haben Sie schon Regentropfen auf der Fensterscheibe
beobachtet. Tropfen hier und da ... und in kurzer Zeit entsteht ein kleines Rinnsal, das die Scheibe hinunterläuft.
Wasser windet sich als Bach und Fluß um Hindernisse,
braust als Wildbach durch Schluchten und stürzt als Wasserfall in den Abgrund. Weil es immer der tiefsten Stelle
zufließt, sammelt es sich auch immer wieder in Lachen,
Pfützen, Seen und schließlich im Meer. Egal welche Form
es annimmt, es bleibt immer seiner Eigenart treu. Im ständigen Fließen füllt es alle Schluchten, aber es staut sich nur
bis zu einer Höhe ... dann fließt es über den Widerstand
hinweg. Wasser scheut keine Mühe. Obwohl es weich ist,
kann es Steine verformen. Die Redewendung »Steter Tropfen höhlt den Stein« kennt diese Eigenschaft des Wassers.

Wenn Sie das Verhalten des Wassers nachahmen, können
Sie lernen, einer Gefahr zu entkommen: Ihr Ziel immer vor
Augen, sich selbst in jeder Lebenslage treu bleiben, Wider-
stände nur so lange bearbeiten, bis ein Durchbruch gelingt,
nie über das Ziel hinausschießen, niemals zurückschauen.

Im Winter bedeckt Wasser in Form von Schnee und Eis
die Erdoberfläche. Im Himmel haben Kälte und Finsternis
ihren Höhepunkt erreicht. Es ist eine karge Zeit, in der die
Natur ihre Kräfte im Innersten sammelt. Auch das Leben
der Bäume hat sich auf ein Mindestmaß reduziert. Der
Rückzug ist vollendet, und der Lebenssaft fließt nur noch
sparsam. Die Natur begibt sich zur Ruhe, wie wir Menschen des Nachts. In unserem Organismus haben sich
ebenfalls alle Lebensfunktionen auf Ruhe eingestellt ...
Leber, Herz, Milz und Lunge liegen über der Gürtellinie –
nur die Nieren liegen unterhalb der Gürtellinie, als tiefstes
Yin im Organismus. Jetzt gilt es, die Nierenenergie warm
zu halten und die Yang-Energie, die sich in den Körper
zurückgezogen hat, nicht durch übermäßige Aktivitäten
an die Oberfläche zu holen.

Abb. 32

In den Himmelsrichtungen entspricht Kan dem Norden und im Vierundzwanzig-Stunden-Rhythmus der tiefen Nacht. Khi Pa gibt den Ratschlag: »Früh ins Bett gehen, spät aufstehen, den Willen erhalten, um das Denken zu schützen, vor der Kälte flüchten, die Wärme suchen, Transpiration vermeiden, um die im Inneren bewahrte Yang-Energie nicht zu stören, das ist das Prinzip, die Winterenergie zu unterstützen.«[6]

Qi-Meditation mit Kan und dem Element Wasser

Wenn Sie sich in einer schwierigen Situation befinden ...

Schon seit einiger Zeit habe ich im Wald ein Rauschen vernommen, während ich den gewundenen Pfad emporsteige. Es ist nicht der Wind, der leise durch die Baumwipfel streicht. Es ist auch nicht der Wildbach, der entfernt durch die Stämme schimmert und immer wieder einen kühlen Hauch zu mir heraufträgt. Noch eine Kehre, dann sehe ich den, dem mein Besuch gilt. Ein donnerndes Rauschen begrüßt mich, und der sprühende Nebel befeuchtet die Luft. Ich liebe diesen Anblick und bin immer wieder überrascht von seiner majestätischen Schönheit ... Der Wasserfall ist mein Freund. Als Kind habe ich mir oft ausgemalt, wie es wohl wäre, durch ihn hindurchzugehen und die andere Wirklichkeit hinter seinen Wasserschleiern zu suchen. Wie man das macht, ist in vielen Sagen beschrieben, aber die Erwachsenen können es nicht mehr verstehen. Heute halte ich inne auf meinem Weg und genieße nur das Hinschauen.

Neben dem Weg führt ein steiler, schmaler Pfad weiter in die Höhe. Er ist mit Holzstämmen befestigt und mit einem Holzgeländer abgesichert. Ich gehe vorsichtig weiter. Meine Hände und Füße finden kaum Halt durch den feuchten Film, der hier alles überzieht. Dennoch ist es schön, die Nähe des tosenden Wasserfalls zu spüren ... Nun bin ich ganz oben angekommen und kann von einem kleinen Platz aus auf ihn hinuntersehen und in die andere Richtung in das Tal hinein, von wo seine Wasser kommen ... Eine Tafel an einem Baum warnt, es sei gefährlich, dem Abgrund zu nahe zu kommen. Obwohl ich die Stelle schon gut kenne, spüre ich wieder ein vorsichtiges Zögern, bevor mein Blick den hinabstürzenden Wassermassen folgt. Ohne Unterlaß, in eleganten Wellenbögen überspült das Wasser die letzten Felsen, bevor es in die Tiefe stürzt. Nein, es hält nicht inne, es zögert nicht. Wasser muß nicht zweifeln, muß nicht glauben, wie wir Menschen es vor einem solch ungewissen Absprung tun.

Vom Wasser können wir lernen, wie wir uns in schwieriger Lage verhalten sollen. Dabei ist es nicht von Bedeutung, ob mißliche Lebensumstände uns behindern oder die Bedrohung im eigenen Herzen durch Unruhe, Angst oder Tollkühnheit entsteht. Immer zeigt uns das Wasser, wenn wir seine Sprache verstehen, wie wir eine solche Situation bewältigen können. Manchmal formt sich sein Tosen zu einem Raunen: »Glaub ja nicht, daß ich mich blindlings in die Tiefe stürze! Ich bin Wasser als Tropfen, ich bin Wasser als Bach, ich bleibe Wasser als Wasserfall. Meine Sicherheit liegt im Ziel, mein Weg entsteht durch die Bedingungen. Wo bleibt deine Identität, wenn du in Schwierigkeiten steckst? Bist du immer gelassen, oder strampelst du wild herum und verlierst dein Ziel aus den Augen?«

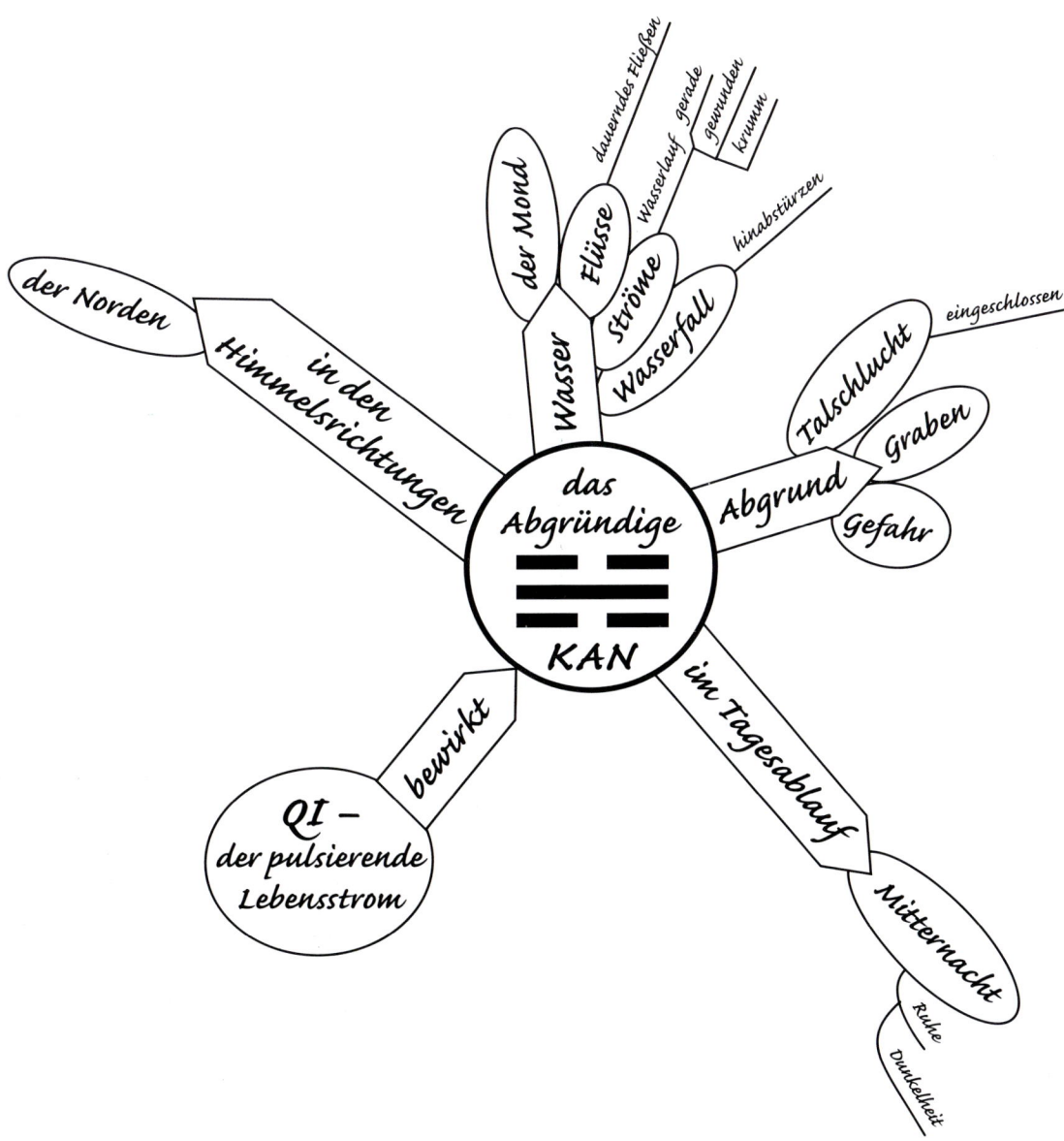

Abb. 33: Schaubild Kan – das universelle Qi im Winter

Ich fange mit meinen Handflächen die eisigen Spritzer aus der Luft und denke: »Bei deiner Temperatur ist es leicht, einen kühlen Kopf zu bewahren.« Dann drehe ich mich um und schaue auf den Bach, der den Wasserfall speist. Ich sehe ihm zu, wie er beständig weiterfließt, jede Vertiefung zwischen den Felsen füllt. So nimmt er jede Mulde in Besitz, aber er hält sich in einer Vertiefung nur so lange auf wie nötig ... bis er diese nämlich aufgefüllt hat. Dann fließt er weiter und füllt die nächste. Jetzt verstehe ich den Bach: In schwierigen Situationen ist es besser, Stagnation zu vermeiden. Ich sehe dem kreisenden Wasser zu. Es stürzt nicht direkt auf die Felsen zu. Es scheint fast um die Hindernisse herumzuschleichen, an ihnen zu lecken, ihre Bereitschaft nachzugeben zu erforschen. Es will uns zeigen, daß es klug ist, gefährlichen Situationen nicht unter allen Umständen entwischen zu wollen. Es ist erfolgversprechend, sich auf dem Weg des geringsten Widerstandes zu bewegen und die Möglichkeiten abzuwägen, die in dieser Zeit gegeben sind. Ich gehe einige Schritte zu einer flachen Stelle am Ufer und tauche meine Finger in den Bach. Sofort entstehen auch um meine Finger herum wirbelnde Wasserkreise. Sie ziehen mich hinein in das Wasser ... Ich spüre, daß wir noch viel vom Wasser lernen können.

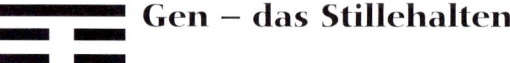

Gen – das Stillehalten

Im Hochwinter wirkt Gen.

Das Symbol besteht aus zwei Yin-Linien, über denen an oberster Stelle eine Yang-Linie liegt.
Es entspricht dem Bild des *Berges*.
Farbe und Organe werden den Fünf Elementen zugeordnet.
Die Qi-Wirkung der Zeit und der Bäume ist die Vollendung, die Stille.

Abb. 34

Immer wieder erstaunen mich die tiefen Einsichten, die in diesen Symbolen enthalten sind: Das Bild ist ein Berg, der oben schwer und voll ist, wie das Zeichen durch die obere, starke Yang-Linie vermittelt. Seine Basis hingegen ist fragil und leicht, was die beiden Yin-Linien zeigen. Was hat dies für Folgen? Größer und höher kann der Berg nicht mehr werden, ohne seine Existenz zu gefährden. Er ist in seiner Form vollendet und muß diese in Stille bewahren. *Ein Berg, der nicht stillhält, zerfällt!* Wenn das geschieht,

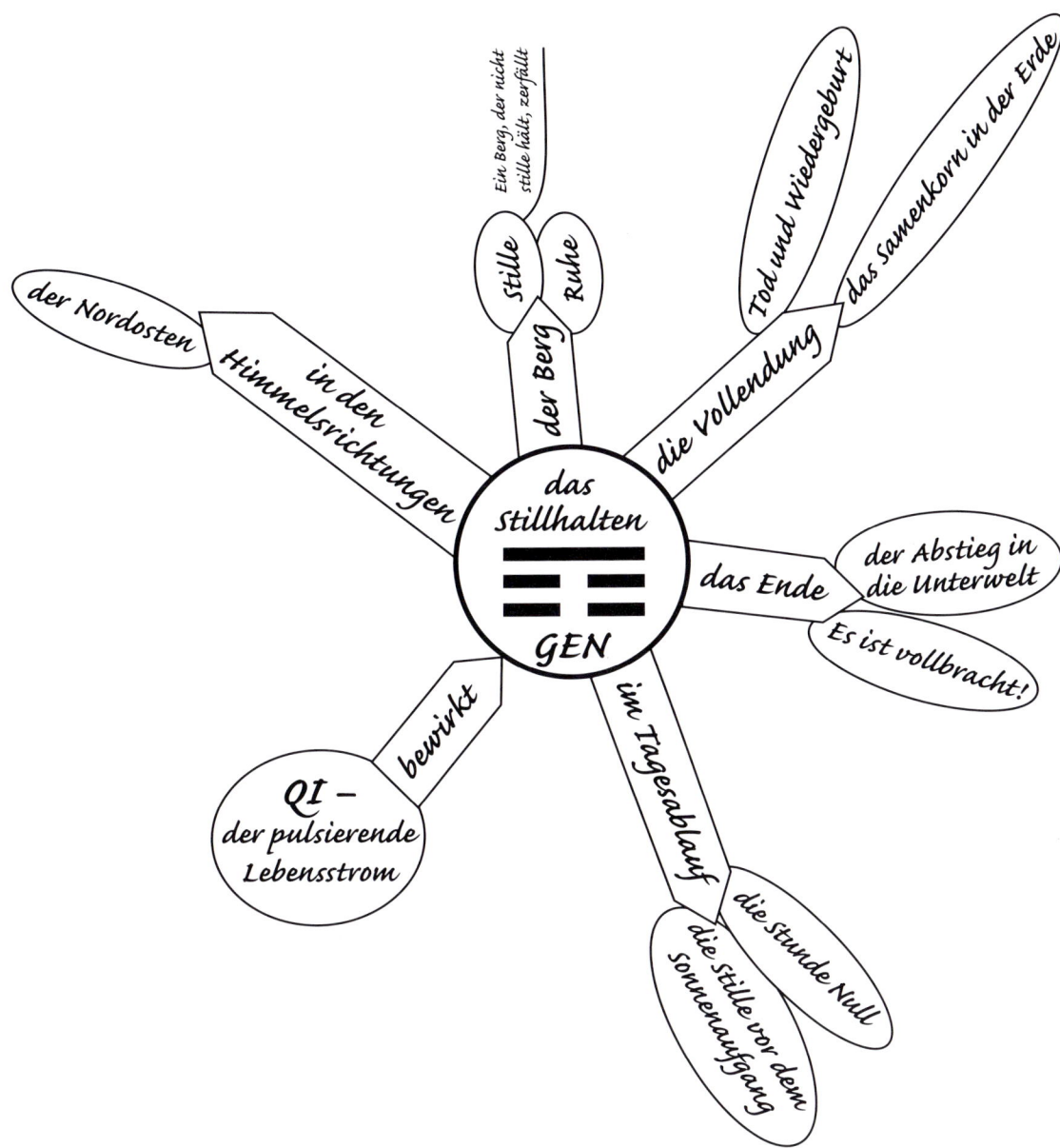

Abb. 35: Schaubild Gen – das universelle Qi im Hochwinter

sprechen wir von »Naturkatastrophen«. Menschen, die ähnlich einem Berg aus der Masse der anderen herausragen, müßten sich die Eigenschaften des Berges zu eigen machen, um ihre Stellung zu halten. Gesammelt in ihrer Mitte, ruhig und fest sollten sie sein, damit die anderen herbeikommen und sich ihrer Führung anvertrauen.

Die Erfordernisse der Zeit verlangen eine Ruhepause. Die Bewegungen der Jahreszeiten haben ihr natürliches Ende erreicht. Alle Lebensprozesse sind vollendet. Die Lebenskraft ruht in tief verborgener Stille im Samenkorn in der Erde. Das Licht des Sommers hat sich in den Bäumen tief in ihr Mark zurückgezogen. Es ist die Zeit des Innehaltens, Ende und Anfang aller Bewegung, Tod und Wiedergeburt.

Gen entspricht dem Nordosten in den Himmelsrichtungen. Am Tag steht es für die Zeit, in der die Natur ihren Atem anhält, die Stunde Null, wenn die Dunkelheit der Nacht am tiefsten ist und die Hoffnung auf neues Licht am Horizont aufkommt.

Qi-Meditation mit Gen

Wenn Sie Ihre innere Ruhe wiedererlangen wollen ...

In unserer hektischen, von Lärm und optischen Reizen erfüllten Zeit versuchen viele Menschen sich durch Arbeit oder fesselnde Unterhaltung von ihrer inneren Unruhe abzulenken. Dies ist sicher ein Weg, der kurzfristige Erleichterung bringt, aber die Ablenkung überlagert die Gespanntheit nur wie eine dünne Kruste eine nässende

Wunde. Diesen Zustand aufrechtzuerhalten, kostet viel Energie. Irgendwo müssen Sie die Energie abzweigen, und dort fehlt sie dann wieder. Daher der Aufschrei: »Ich bin völlig erschöpft, kein Wunder, ich bin total gestresst!« Wenn Sie sich von Ihren Aufgaben überfordert fühlen, reagieren Sie wahrscheinlich mit Gereiztheit oder unkoordinierten Handlungen. In solchen Streßsituationen haben Sie vor allem das Gefühl, zu wenig Zeit zu haben. Zeit kann Ihnen leider niemand schenken, die müssen Sie sich selbst nehmen. Auch um innere Ruhe zu erlangen, müssen Sie sich Zeit nehmen. »Denn wahre Ruhe ist die, daß man stille hält, wenn die Zeit gekommen ist, stille zu halten, und daß man vorangeht, wenn die Zeit gekommen ist, voranzugehen. Auf diese Weise ist Ruhe und Bewegung in Übereinstimmung mit den Erfordernissen der Zeit, und dadurch gibt es Licht des Lebens.«[7]

Stille halten, wenn die Zeit gekommen ist. Jetzt sind die Tage kurz, und die Dämmerung sinkt bereits nachmittags in den Raum. Dann verschwimmen die Umrisse der Gegenstände, und die Farben ziehen sich von ihnen zurück. Ihre Augen werden nicht mehr angeregt, an ihnen hängen zu bleiben. Eine leise Melodie überlagert die Geräusche des Tages. Sie können schauen und müssen nicht sehen, Sie können hören, ohne auf etwas Bestimmtes zu horchen. Sie hören eine Uhr ticken, aber es gibt keine Uhr im Raum. Die gleichmäßigen Töne erzeugt Ihr Herz. Es füllt die Stille mit ungeduldigem Pochen. Wenn auch Ruhe um Sie herum ist und Sie die Ruhe Ihres Herzens nicht erlangen, so ist doch die Zeit vergeudet. Sie wissen, es ist schwer, Ihr Herz ruhig zu halten. »Was denkst du dauernd, mein Herz, an Künftiges, laß deine Gedanken im Hier und Jetzt.« Sie versuchen Ihre Wünsche zu beruhigen. Jeder Wunsch kann Ihr Herz aufs neue erregen.

Versuchen Sie, Ihre sehnsüchtigen Erinnerungen an Vergangenes gehen zu lassen. Jede Erinnerung zehrt an der Ruhe der Gegenwart. Damit Ihre Aufmerksamkeit nicht abschweift, wenden Sie diese Ihrem Atem zu, beobachten ihn, wie er in Ihren Körper einströmt und wieder entweicht. Sie spüren eine gleichmäßige, sanfte Bewegung, ein Ausdehnen und Sich-Zusammenziehen. Erfreuen Sie Ihr Herz mit der Ruhe und dem Licht Ihres Atems. Diese Achtsamkeit für den Moment schützt Ihr Herz vor überflüssigen Gedanken. »Ich will dich nicht gewaltsam bändigen, mein Herz. Ich lösche mit jedem Atemzug das Feuer deiner Unruhe. Nicht erzwingen will ich deine Ruhe ... sanft auflösen will ich dein ängstliches Pochen, bis ich Ruhe fühle. Ich will meinen inneren Spiegel frei machen, frei von Zweifeln und Sorgen.« Mit jedem Atemzug spüren Sie mehr und mehr Ruhe und Klarheit. Das Pochen taucht unter in der leisen Musik. Dann ist kein Wollen mehr in Ihnen, aber Sie sind nicht willenlos. Es ist still geworden, ganz still. Sie haben sich ins Nichtswollen zurückgezogen. Ihr Körper atmet von selbst, Ihr Herz schlägt von selbst. Die Zeit steht still, aber der Raum ist noch da. Die Dunkelheit ist noch da. Ein schimmernder Glanz, wie entferntes Licht, legt sich auf Ihren inneren Spiegel. Sie lassen sich in diese Ruhe fallen.

TEIL II

DIE WANDLUNGEN DER FÜNF ELEMENTE

Das Modell der Fünf Elemente enthält alles, was in unserem Universum in Beziehung treten kann. Es hat Gesetz und Ordnung, ist aber flexibel darin, wie es sich vernetzt, und elastisch wie das Netz einer Spinne. Deshalb eignet es sich nicht für wissenschaftliche Theorien und Forschungen, die ein starres Fundament und einen objektiven Standpunkt der Betrachtung gewohnt sind. Dieses Modell bietet dem Betrachter eine Brücke, so kann er das Verständnis, das er in einem Bereich des Lebens gewonnen hat, auf andere Bereiche übertragen. Das Beziehungsgefüge verschiebt sich, je nach Standpunkt des Betrachters. Dieser steht immer im Zentrum; er schaut sich die Dinge an; entscheidet, welchen Bildausschnitt er näher betrachten möchte. Wenn Sie den Wandlungen der Fünf Elemente unter diesem Aspekt folgen, entsteht Ihr persönliches Bild des Universums, das sich an den Urgesetzen des Lebens orientiert. Sie haben im Kreislauf der Jahreszeiten fünf Elemente kennengelernt, welche die Auswirkungen des universellen Qi auf Erden darstellen (siehe S. 49 ff.). So nehmen die Dinge Form und Gestalt an. Um den Fünf Elementen bestimmte Zeiten im Jahr zuzuordnen, wird das Jahr in fünf Abschnitte unterteilt:

- Frühling (Symbole: Dschen, Sun);
- Sommer (Symbol: Li);
- Spätsommer (Symbole: Kun, Dui);
- Herbst (Symbol: Kien);
- Winter (Symbole: Kan, Gen).

Der Zyklus der Erzeugung

Wir im Westen sprechen vom »Wechsel der Jahreszeiten«. Die Chinesen sprechen von Jahreszeiten, die einander erzeugen ... Was die Frühlingszeit vorbereitet hat, erscheint im Sommer. Was der Sommer bewirkt, trägt im Spätsommer Früchte. Was der Spätsommer reifen läßt, trocknet der Herbst aus und bereitet die Ruhe des Winters vor. Die Kälte des Winters erzeugt die Schöpfungspause, durch die das Keimen im Frühjahr erst möglich wird. Am Beispiel des Pflanzenwachstums können Sie diesen Zyklus der Erzeugung verfolgen: Aus dem Samen entsteht der Keim, welcher die junge Pflanze vorbereitet, die Blätter und Knospen treibt. Daraus entstehen Blüten, die, wenn sie befruchtet werden, die Früchte vorbereiten, und in den Früchten wächst der Same für den nächsten Keim.

Dieser Zyklus der Erzeugung findet sich auch in den Fünf Elementen wieder: Das Element *Holz* erzeugt *Feuer*, *Feuer* erzeugt Asche, in unserem Sinn *Erde*. In der *Erde* wächst *Metall*, und *Metall* produziert *Wasser*. *Wasser* wiederum ist lebensnotwendig für die Natur, *Wasser* erzeugt *Holz*. *Holz* ist Nahrung für *Feuer* ... Endlos ließe sich dieser Zyklus weiterführen, immer expansiver und schneller, wenn nicht in dieses Denkmodell auch eine Hemmung, eine Beschränkung, eine Stabilisierung eingebaut wäre. Erst durch beide Zyklen, den der Erzeugung und den der Hemmung, bekommt das System Beständigkeit (siehe Abb. 36).

Der Zyklus der Hemmung

Holz hemmt *Erde*: Die Wurzeln des Baums graben sich in die Erde, nehmen sie als Nahrung, befestigen steile Hänge. Bäume am Bachrand verhindern, daß die Uferböschung weggespült wird.

Erde hemmt *Wasser*: Bleiben wir beim Beispiel des Bachufers. Der Verlauf des Baches ergibt sich aus den Grenzen, die ihm die Erde setzt. Denn der Bach muß sich nach dem Boden richten, nicht umgekehrt. Eine Handvoll Erde kann viele Liter Wasser ungenießbar machen.

Wasser hemmt *Feuer*: Diese Vorstellung ist leicht nachzuvollziehen. Nasse Gegenstände brennen nicht, und ein Eimer Wasser kann ein Feuer rasch zum Verlöschen bringen.

Feuer hemmt *Metall*: Die Hitze des Feuers verwenden die Menschen seit langem, um aus dem Erzgestein Metalle zu schmelzen.

Metall hemmt *Holz*: Das haben die Menschen erkannt, als sie Werkzeug aus Metall entwickelten, um Bäume zu fällen, danach in verwendbare Teile zu zersägen und zu verarbeiten.

Den Zyklus der Erzeugung führt Ihnen die Natur alljährlich in den Jahreszeiten vor Augen. Wie aber wirkt sich der Zyklus der Hemmung in den Jahreszeiten aus? Wenn sich der Zyklus der Erzeugung und der Zyklus der Hemmung mit ihren Energien die Waage halten, so verlaufen alle Jahreszeiten harmonisch und die Auswirkungen des hemmenden Zyklus sind nicht so leicht erkennbar. Lassen Sie uns an dieser Stelle den Zyklus der Hemmung betrachten, wenn er übermächtig wird, dann nämlich treten zerstörende Umstände auf: Es entsteht eine Disharmonie zwischen der Energie des Himmels und der Energie der Erde. Wenn solche destruktiven Klimabedingungen herrschen, ist es besser, sich diesen durch Baum-Qi-Gong nicht noch zusätzlich zu öffnen.

Wind und *Holz* hemmen *Erde*: Wenn der Wind im Frühling stark bläst, entspricht dies der Jahreszeit, denn er fegt alles hinweg, was während des Winters abgestorben ist. Wenn der Wind (Frühling – Wind, Holz) im Spätsommer (Erde) über die gepflügten Felder bläst, nimmt er viel Erde mit und richtet großen Schaden an.

Erde hemmt *Wasser*: Wenn die feuchte Wärme des Spätsommers (Erde) in der Winterzeit (Wasser) herrscht, stört sie die Ruhe und Sammlung, welche die Natur im Winter braucht, und regt verfrühtes Erwachen an, das durch spätere Winterkälte wieder zerstört wird.

Wasser hemmt *Feuer*: Wenn an heißen Sommertagen

(Feuer) plötzlich die Kälte des Winters (Wasser) hereinbricht, wird dem Reifen, der Fülle des Sommers, Einhalt geboten und manch reiche Ernte zerstört.

Feuer schmilzt *Metall*: Verbindet sich die Hitze des Sommers (Feuer) mit der Trockenheit des Spätherbstes (Metall), springen die Schalen der reifen Früchte zwar auf, aber Frucht und Baum verdorren in der großen Trockenheit.

Metall schädigt *Holz*: Wenn der Spätherbst (Metall) sehr trocken ist, mag das dem jungen Holz im Frühling schaden.

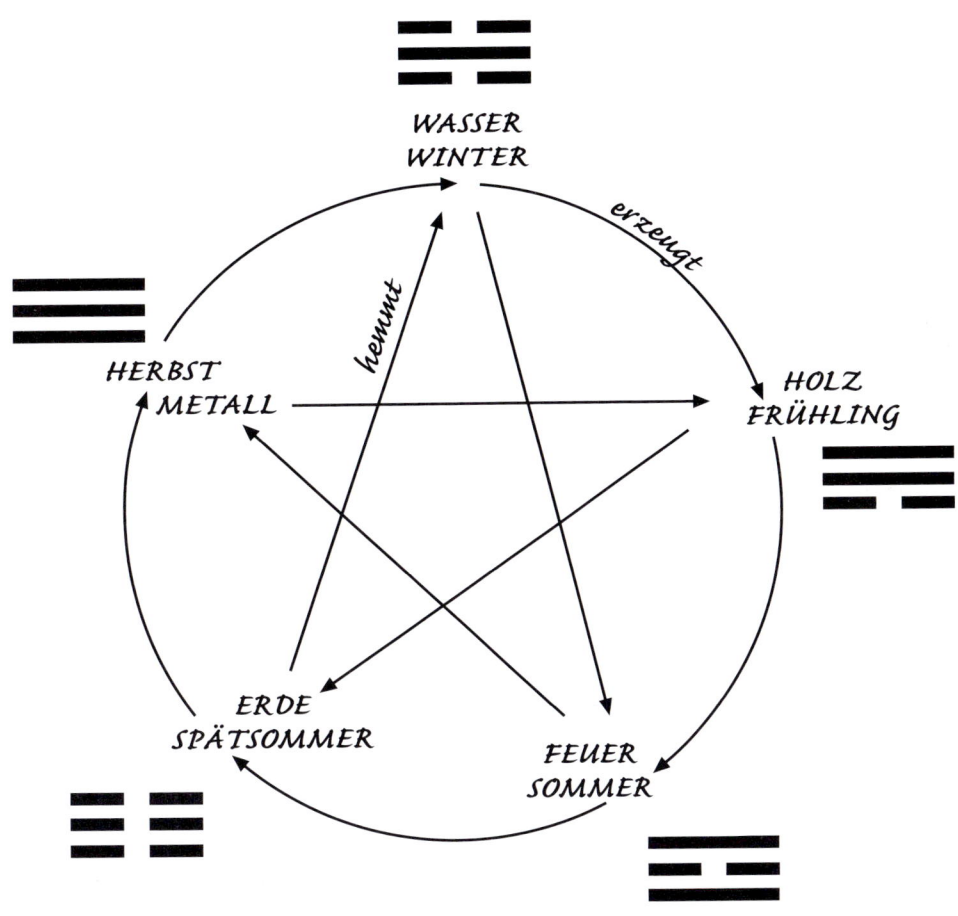

Abb. 36: Der Zyklus der Erzeugung und Hemmung

Die Fünf Elemente im menschlichen Körper

Die Erscheinungen der Natur entwickeln sich im Himmel nach den Gesetzen der Jahreszeiten und folgen auf Erden dem Gesetz der Fünf Elemente. Alle Lebewesen müssen sich diesen Bedingungen nicht nur anpassen, sie müssen diese durch ihren Organismus, durch ihre Psyche, durch alle ihre Lebensäußerungen verwirklichen. Nicht umsonst sprechen wir vom Menschen als einem Mikrokosmos, einem Geschöpf, das in einer kleineren Dimension die Gesetze des Universums wiedergibt. Diese Vorstellung blieb in der traditionellen chinesischen Medizin erhalten. Die Qi-Wirkung der Fünf Elemente, wie sie sich im Kreislauf der Jahreszeiten darstellt, findet ihre Entsprechung in den Körperorganen, in Körperbereichen und den fünf Sinnen der Menschen. Dieses Denkmodell ist für uns deshalb interessant, weil wir so einen Zusammenhang zwischen der Welt der Bäume und dem Organismus und der Psyche der Menschen herstellen können. Im Buche *Nei King* spricht Khi Pa, der Berater des Kaisers Hoang Ti (2800 v. Chr.), von Energien im menschlichen Körper, die mit den Energiequalitäten von Frühling/Holz, Sommer/Feuer, Spätsommer/Erde, Herbst/Metall und Winter/Wasser vergleichbar sind:

Die Energiequalität, die im Zyklus der Jahreszeiten für *Frühling* und *Holz* bestimmend ist, wirkt, auf den menschlichen Organismus übertragen, in der Leber. Wie entsteht diese Beziehung? Die Leber wird durch Nahrung mit saurem Geschmack unterstützt. Deshalb kommt es zu der Vorstellung, daß das Saure die Leber erzeugt. Bäume und Pflanzen haben meist einen sauren Geschmack, deshalb: Holz erzeugt den sauren Geschmack und des weiteren die Leber. Die Galle ist nur als Partner der Leber miteinbezogen. Sie ist ein »Speicherorgan«, denn sie speichert, was die Leber erzeugt. Die Leberenergie steht im Körper in direktem Zusammenhang mit Nervenfasern, Muskeln und Sehnen und ist für deren Ernährung und Stärkung zuständig. Sie steigt über innere Energiekanäle im Körper nach oben und bewirkt die Sehkraft. Daher ist die Leberenergie für die Augen verantwortlich und hat mit dem Sehen zu tun. Grün ist die Farbe des Frühlings. Die heilige Hildegard von Bingen empfiehlt in ihren Schriften zur Stärkung der Sehkraft, man solle möglichst oft und lange ins frische Grün von Wiesen und Bäumen schauen.

Die Energie des *Sommers* ist Hitze. Hitze auf Erden entfacht das *Feuer*. Die Farbe des Feuers ist Rot. Die gleichen Kräfte, welche den Sommer bzw. das Feuer hervorbringen, nähren im Menschen das Herz. Der Geschmack des Feuers, eigentlich des Verbrannten, ist beißend, scharf, bitter. Deshalb sagt man: Das Bittere erzeugt das Herz. Die Energie des Herzens dringt über innere Kanäle zur Zunge und ermöglicht das Sprechen. Denken wir an die Redewendung: »Jemandem liegt das Herz auf der Zunge.« Die Energie des Herzens ist zum Teil auch für den Geschmack zuständig. Das Speicherorgan Dünndarm ist dem Herzen zugeordnet.

Im *Spätsommer* macht die Feuchtigkeit des Himmels (Regen) die *Erde* fruchtbar. Auf der Erde wächst das Getreide, wobei keine bestimmte Art genannt ist. Die Farbe der Getreidefelder ist Gelb. Getreide hat im allgemeinen einen süßlichen Geschmack. Deshalb heißt es, daß die Erde den süßen Geschmack hervorbringt. Die Energiequalität der Erde findet ihre Entsprechung in der Milz und im Speicherorgan Magen. Deshalb ernährt der süße Geschmack die Milz. Die Energie der Milz ernährt die Form, damit sind Bindegewebe, Fettgewebe und Muskel gemeint. Ihre Energie spiegelt sich im Mund mit den Lippen wider. Deshalb sagt man: Die Milz erzeugt den Speichel und den Geschmackssinn. Sie verteilt die Geschmackskräfte der Speisen im Körper. Gesunder Speichel schmeckt leicht süßlich.

Im *Herbst* ist die Energie des Himmels die Trockenheit, auf Erden das Element *Metall*. Die Farbe des Metalls ist Weiß. Die Energie des Metalls bringt den pikanten Geschmack hervor, welcher die Lunge speist. Der Dickdarm ist der Partner der Lunge. Die Energie der Lunge speist die Haut und die Körperhaare. Auch wir wissen um die Funktion der Haut, welche die Lunge beim Ausscheiden von Stoffwechselabfällen unterstützt. Die Energie der Lunge strömt in die Nase und erzeugt den Geruchsinn. Die Form der Nase, besonders die Breite der Nasenflügel, gibt Auf-

schluß darüber, ob ein Mensch schmale oder breite Lungenflügel besitzt und wie es um sein Atemvolumen bestellt ist.

Im *Winter* herrschen im Himmel die Kälte und auf Erden das Element *Wasser*. Die Farbe ist ein tiefes Schwarzblau. Das Wasser hat einen salzigen Geschmack. Die Winter- bzw. Wasser-Energie hat ihren Platz im menschlichen Körper in den Nieren. Die Blase ist der Partner der Nieren, sie speichert, was die Nieren erzeugen. Das Salzige unterstützt die Nieren. Die Knochen, das Knochenmark und das Gehirn sind die entsprechenden Körperbereiche. Vielleicht ist im ersten Moment der Zusammenhang zwischen Knochen und Gehirn unverständlich. Bedenkt man, daß Knochen aus einer harten Hülle und dem Knochenmark im Inneren bestehen und daß dieses Knochenmark mit den Nervensträngen sich in der Wirbelsäule direkt in das Gehirn hinein fortsetzt, kann man diesem Gedankengang folgen und verstehen, wieso die Chinesen das Gehirn als »Meer des Knochenmarks« bezeichnen. Die Energie der Nieren ist für den Gehörsinn zuständig. Deshalb sagt man: Die Nieren regieren die Ohren.

Diese prägnanten Vorstellungen, die Khi Pa im Gespräch mit seinem Kaiser Fou Hi vor über 4000 Jahren formulierte, sind für uns Europäer sicher nicht in jeder Einzelheit nachvollziehbar, vor allem, weil das hier Wiedergegebene die Gesetze nur in groben Zügen umreißt. Für Khi Pa war es selbstverständlich, daß die fünf Organsysteme stets alle fünf Elemente enthalten. Kein Organ repräsentiert nur ein Element und schließt die anderen aus. Die Organe wurden aber nach dem Element klassifiziert, von dem sie am meisten besitzen. Einer ähnlichen Vorstellung folgen Sie, wenn Sie einen Menschen nach seinen markantesten Wesenszügen charakterisieren. Sie können von einem »Luftikus, einem feurigen Charakter, einem erdverbundenen Menschen, einem mit stählernem Willen oder eiserner Disziplin« sprechen, trotzdem nehmen Sie an, daß dieser Mensch auch andere seelische Grundmuster der menschlichen Natur besitzt.

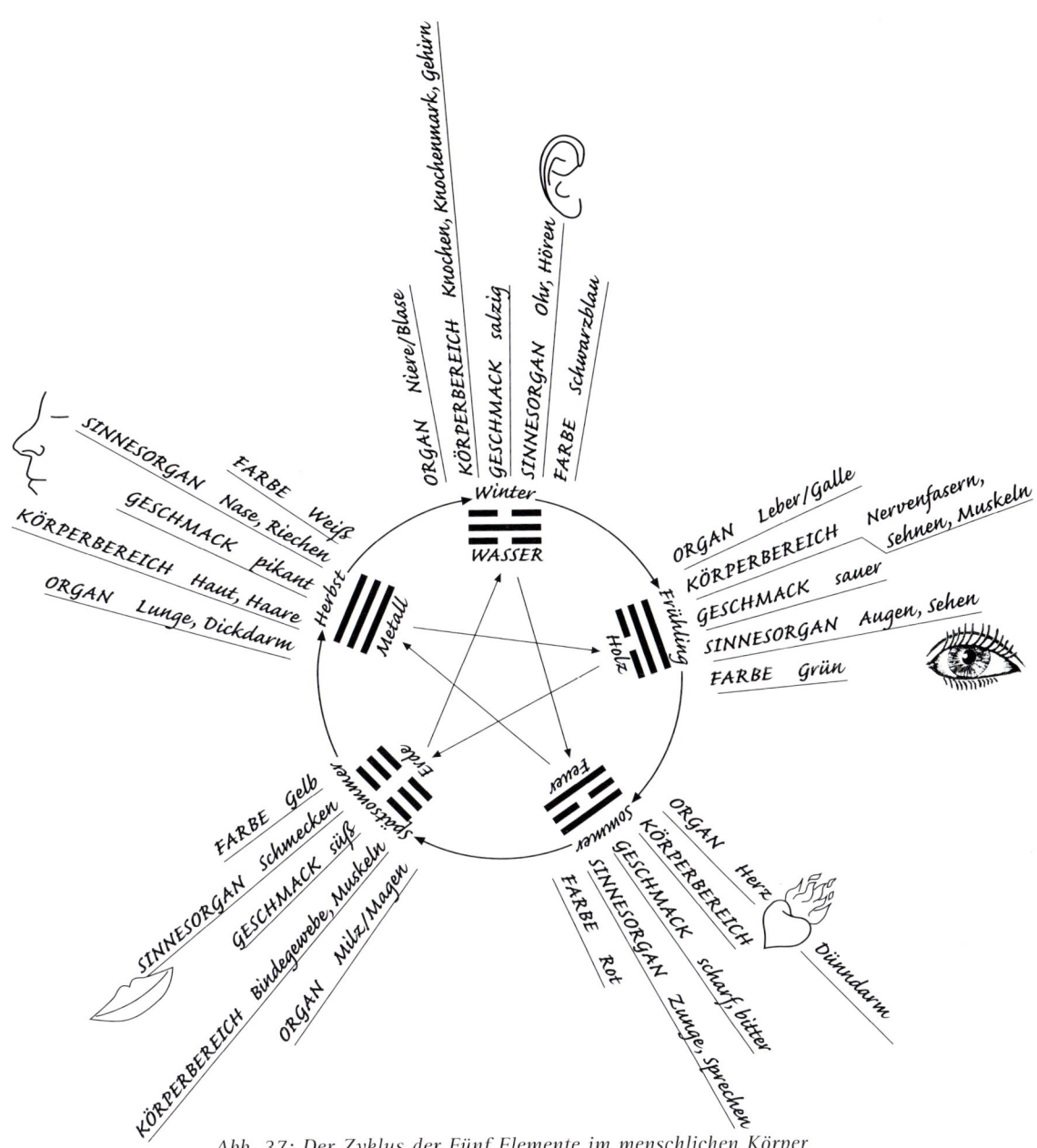

Abb. 37: Der Zyklus der Fünf Elemente im menschlichen Körper

Die Fünf Elemente in der Welt der Bäume

Wie kommt der Apfelbaum zum Feuer?

In diesem Denkmodell der Fünf Elemente findet alles, was in der Evolution im Universum und auf der Welt entstanden ist, seinen Platz. Das Reich der Sterne und der Steine, der Verlauf des Jahres und des Tages, die Welt der Pflanzen, niedere und höhere Organismen – all das kann in seiner Entstehung und Funktion mit diesen Energie-Symbolen gedeutet werden. Die Vorstellung, daß die gleichen Energien, die im menschlichen Organismus herrschen, in der Natur wiederzufinden sind, brachte die chinesischen Weisen dazu, ihren Körper dem Rhythmus des Jahres enger anzupassen, als wir es gewohnt sind. Sie verbanden sich mit den kosmischen Energien jeder Jahreszeit und richteten ihren Tagesablauf nach den Qualitäten der Energie der jeweiligen Tageszeit. Sie suchten Verbindung zur Natur entsprechend ihrem Denkmodell der Fünf Elemente und sannen nach Möglichkeiten, die Kräfte, die sich in der Natur manifestiert hatten, zu nutzen, sie ihrem Körper und Geist zuzuführen. Ihre Auffassung war, daß diese Energien in der Natur ohne persönlich gefärbte Verzerrungen zu finden sind, wie sie beim Menschen durch seine Gefühle

entstehen. So kamen die chinesischen Weisen auch zu den Kenntnissen über die Kräfte der Bäume; diese blieben nur dem verhältnismäßig kleinen Kreis gebildeter, mit dem Wissen der traditionellen chinesischen Medizin vertrauter Menschen erhalten.

Unter den vielen Bäumen des Waldes und der Gärten haben die chinesischen Weisen mit ihrem Verständnis der Naturgesetze und kraft ihrer Intuition Bäume gefunden, die jeweils eines dieser fünf Elemente am deutlichsten verwirklichen. Sie nahmen an, daß diese Bäume aufgrund ihrer Zugehörigkeit zu einem dieser Elemente die ebendiesem Element zugeordneten menschlichen Organe und Körperbereiche positiv beeinflussen. Sie können aber die Qi-Verteilung in Ihrem Körper nur dann harmonisieren, wenn Sie sich für diese feinstoffliche Beeinflussung durch die Baumkräfte geöffnet haben.

Ihr persönlicher Fünf-Elemente-Baum

Wenn Sie einen Baum nach der Lehre der Fünf Elemente auswählen wollen, orientieren Sie sich an Abbildung 37, »Der Zyklus der Fünf Elemente im menschlichen Körper«.

Sie können nun folgendermaßen vorgehen: Beginnen Sie mit den Jahreszeiten, folgen Sie dem Pfeil, und überlegen Sie, welche Jahrzeit Ihnen am meisten zusagt. Rufen Sie sich die Eigenschaften der Jahreszeiten, wie Sie diese im Jahresrhythmus kennengelernt haben, nochmals in Erinnerung (siehe S. 49 ff.). Achten Sie dabei auf Ihre Stimmung, und lassen Sie sich Zeit. Fühlen Sie sich wohler, wenn Sie an den Sommer denken, oder eher dann, wenn Sie an den Winter denken? Gefällt Ihnen der Frühling besonders gut, oder genießen Sie eher den Spätsommer? Lieben Sie die kahlen Bäume und den klaren Himmel im Herbst? Geben Sie der Jahreszeit ein Plus, die Sie am angenehmsten finden. Wenn es eine Zeit im Jahr gibt, für die Sie wenig Sympathie entwickelt haben, geben Sie ihr ein Minus.

Überlegen Sie, in welcher Zeit des Jahres es Ihnen körperlich besonders gutgeht; wann steht Ihnen die meiste Energie zur Verfügung? Geben Sie hier ein Plus. Ein Minus erhält die Zeit der geringsten Energie oder die Zeit, in der Sie am meisten körperliche Beschwerden haben. Die gleichen Überlegungen stellen Sie bei Ihren Sinnen an. Falls Sie eine besondere Schwäche entdecken, bekommt dieser Sinn auch ein Minus ... Sollten Sie wissen, daß eines Ihrer Organe oder ein Körperbereich geschädigt ist, geben Sie diesem Bereich ebenfalls ein Minus. Wenn z.B. die Galle nicht mehr optimal funktioniert oder schon entfernt wurde, bekommt der Frühling ein Minus. Wenn Beschwerden mit dem Kreislauf bestehen (Bluthochdruck), bekommt der Sommer ein Minus, bei Asthma der Herbst usw. Ihrer Lieblingsfarbe können Sie ebenfalls ein Plus geben, aber nur ein kleines, und wenn Sie eine Farbe absolut ablehnen, bekommt sie ein kleines Minus. Lassen Sie das Thema »Geschmack« hier unberücksichtigt.

Die Jahreszeiten bzw. Elemente, die mit einem oder mehreren Plus versehen sind, genießen Sie weiterhin, mit deren Qi harmonieren Sie gut. Es haben sich aber wahrscheinlich auch negative Schwerpunkte herausgebildet. Vielleicht handelt es sich dabei um zwei aufeinanderfolgende Jahreszeiten oder Elemente. Wie Sie bereits erfahren haben, entsteht der Frühling (Holz) aus dem Winter (Wasser), der Sommer (Feuer) aus dem Frühling usw. Deshalb heißt es auch: Der Winter ist die Mutter des Frühlings, der Frühling ist die Mutter des Sommers ... Wenn Sie die Jahreszeit gefunden haben, in der Sie sich am schwächsten fühlen, gehen Sie im Kreis einen Schritt zurück und sehen Sie sich deren Mutter an. Wenn die Mutter ebenfalls schwach ist, haben Sie den Grund für die Schwäche des Kindes gefunden. Dann müssen sowohl das Qi der Mutter und als auch das des Kindes gestärkt werden. Suchen Sie sich jetzt in Abbildung 38, »Die Bäume der Fünf Elemente«, die diesen Jahreszeiten zugeordneten Bäume heraus: Sie werden Ihnen helfen, Ihr persönliches Qi zu stärken.

Weitere Informationen erhalten Sie, wenn Sie die fünf folgenden Schaubilder der Elemente-Bäume betrachten. Folgen Sie vom Zentrum jedes Bildes aus dem Pfeil »Gefühl«, so landen Sie bei den diesem Baum zugeordneten Gefühlen. Forschen Sie in sich, wieweit Sie diese in gesundem Maß leben, sie vielleicht übertreiben oder aber gar nicht zulassen. Bei der Beschreibung der jeweiligen den einzelnen Elementen zugeordneten Bäume finden Sie zudem eine ausführliche Beschreibung der entsprechenden Gefühle.

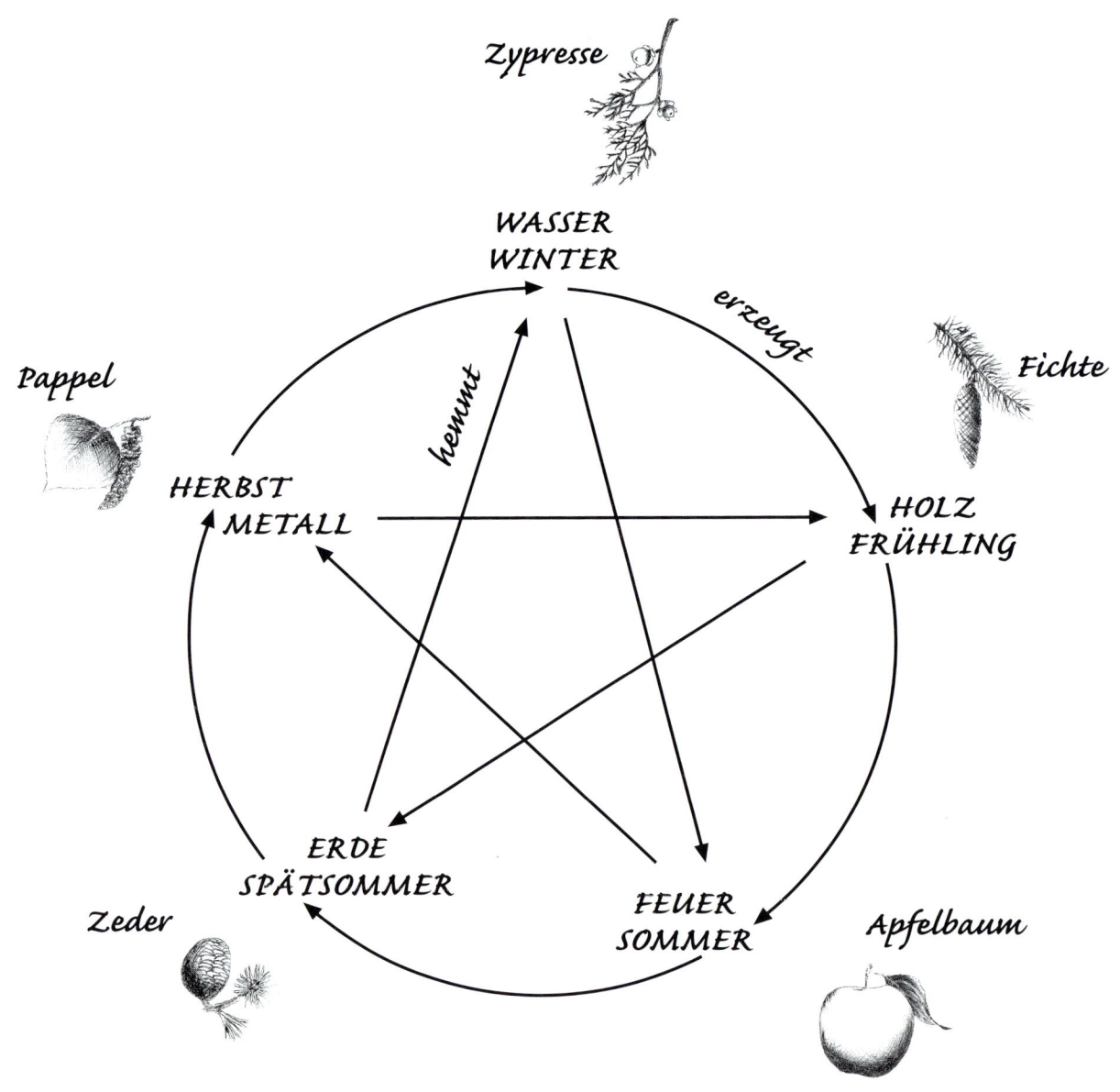

Abb. 38: Die Bäume der Fünf Elemente

Das Element Holz

Hier ist keinesfalls das Material gemeint, aus dem alle Bäume bestehen. Das Element Holz wird am klarsten von Nadelbäumen wie der *Fichte* vertreten. Die positive, feinstoffliche Wirkung, die von diesen Bäumen ausgeht, berührt uns Menschen im Bereich der Leber und der Galle, weil auch diese Organe Manifestationen des Elementes Holz sind. Wenn der Organismus im Bereich »Holz« einen Mangel oder eine Störung aufweist, unterstützen diese Bäume die Wiederherstellung der Harmonie. Weiterhin stärken sie die Sehkraft und die zum Holz-Element gehörenden Körperbereiche: Nerven, Sehnen und Muskeln. Sie sind in der Lage, ein aufgebrachtes, zorniges Gemüt zu besänftigen. Manchmal spüren Menschen instinktiv, was ihnen guttut, und gehen, wenn sie erregt sind, in einen Nadelwald zum Holzhacken! Andererseits findet auch ein schüchternes Wesen, das seinen Lebensraum anderen gegenüber nur ungenügend absichert, Unterstützung durch die Nadelbäume. Am intensivsten tritt das Element Holz im Frühjahr in den Nadelbäumen in Erscheinung, weil die Atmosphäre und der Baum dem gleichen Element zugerechnet werden.

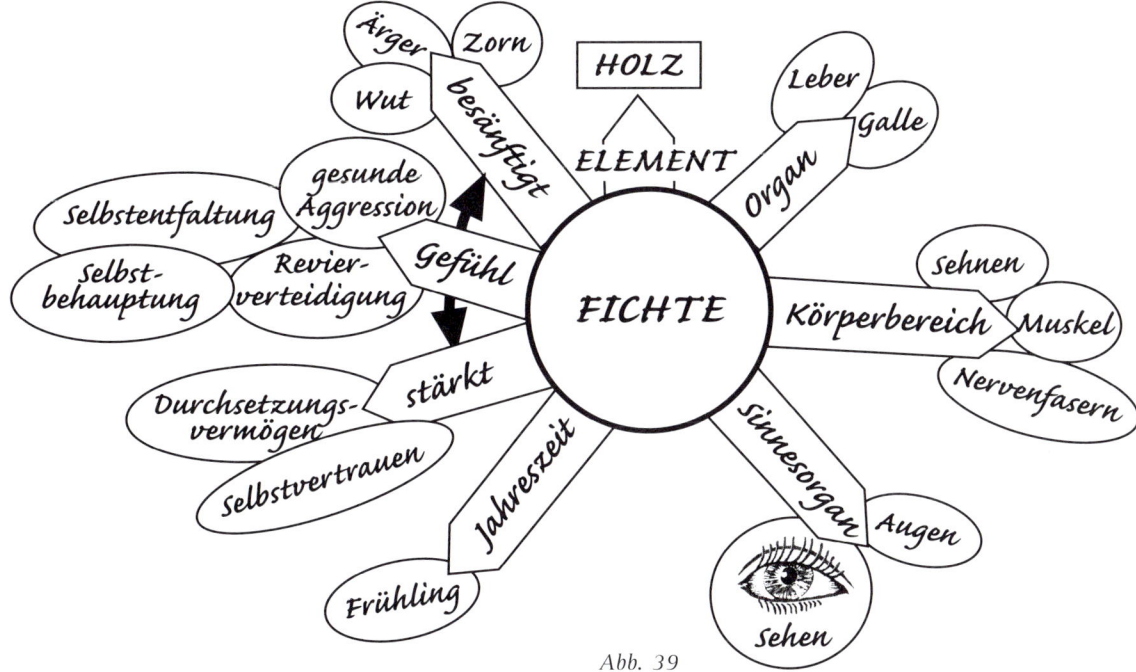

Abb. 39

Das Element Feuer

Der *Apfelbaum* ist die Entsprechung dieses Elementes. Er besänftigt und stärkt ein unruhiges Herz (Feuer) und hilft Ihnen, sich leichter mitzuteilen und über Ihre Gefühle zu sprechen. Dem Herzen ist die Freude zugeordnet. Der Apfelbaum bringt wieder Freude ins Leben; er besänftigt bei Hysterie und stärkt die Lebensfreude. Der Dünndarm als Partner des Herzens profitiert ebenfalls von der harmonischen Schwingung des Baums. Im Sommer (Feuer) ist der Apfelbaum in seinem Element und erlebt die stärkste Feuerwirkung.

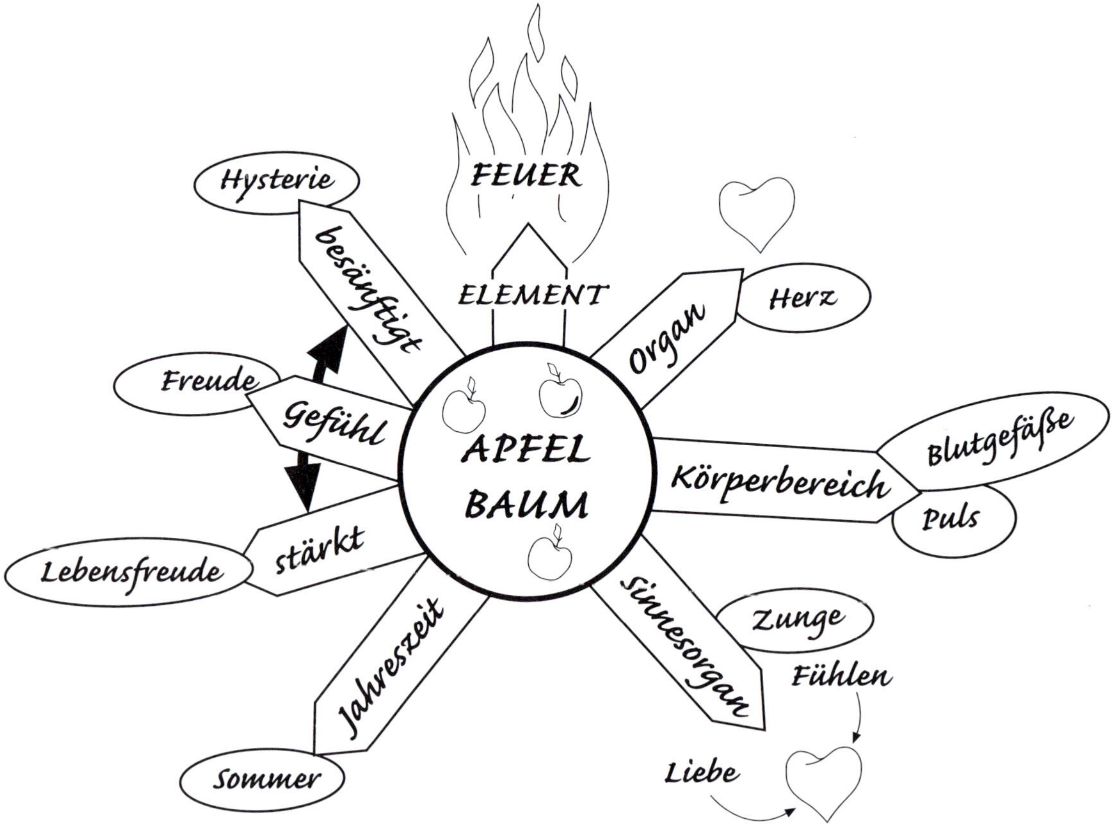

Abb. 40

Das Element Erde

Die stattliche Zeder prägt das Element Erde. Im Körper wird sie den Organen Milz/Pankreas und Magen zugeordnet. Ihre feinstoffliche Wirkung erstreckt sich auf Muskeln und Bindegewebe. Milz bzw. Pankreas ist der Geschmackssinn zugeordnet und im Bereich der Gefühle das Denken und die Entscheidungsfähigkeit. Im Körper entscheiden Milz/Pankreas und Magen, was sie verdauen wollen und was sie ablehnen, und teilen es den anderen Organen zu. Die Zeder hilft bei Wankelmut, wirrem Denken und wenn man zuviel denkt. In der Zeit zwischen Sommer und Spätherbst erlebt das Element Erde seinen Höhepunkt.

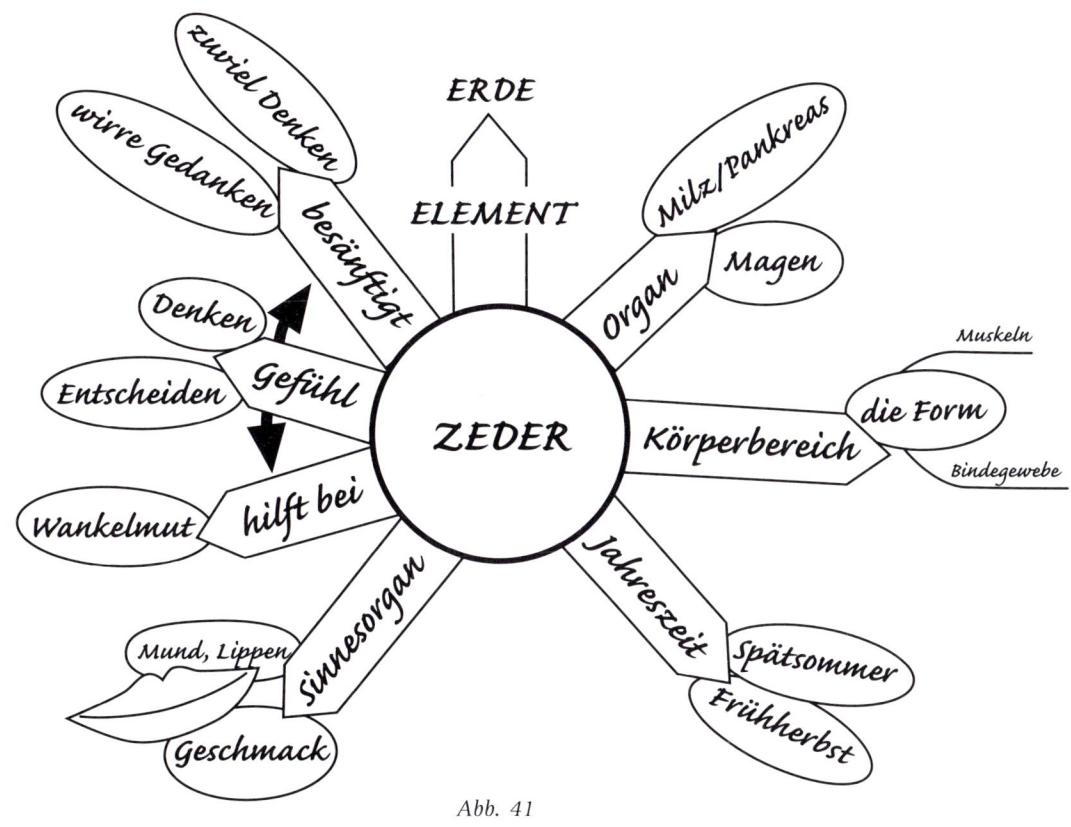

Abb. 41

 Das Element Metall

Dieses Element findet sich besonders stark in der *Pappel*. Im menschlichen Organismus sind ihm die Organe Lunge und Dickdarm zugeordnet. Vergleichen Sie das luftreiche Holz dieser Bäume und das schwammige Gewebe der Lunge, so mag Ihnen auffallen, wie ähnlich sich das Element Metall in beiden verwirklicht. Alle Beschwerden, die mit dem Aufnehmen und Abgeben von Luft in Verbindung stehen, sind der Pappel zugeordnet. Nicht zu vergessen die Haut als Helfer der Lunge ebenso wie die Nase und der Geruchssinn. Die entsprechenden Gefühle sind die Fähigkeit, mit Verlust fertig zu werden, und das Mitgefühl. Der Groll, der aus der Unfähigkeit resultiert, sich mit einem Verlust abzufinden, wird milder. Auch bei Apathie sind diese Bäume gute Helfer. Die Pappeln mit ihrem leichten, luftigen Holz gewinnen von der klaren Kühle des Spätherbstes (Metall).

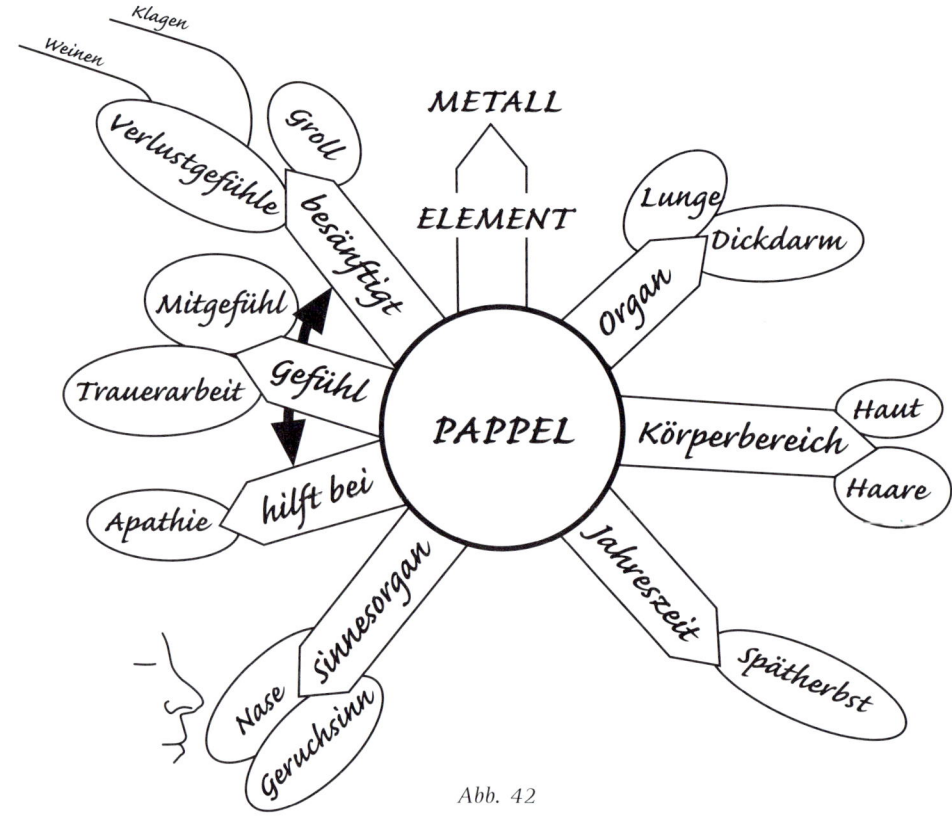

Abb. 42

Das Element Wasser

In der *Zypresse* begegnet uns das Element Wasser. Dieser Baum hat im Körper Bezug zu den Organen Niere und Blase, entsprechend den Fünf Elementen auch zu Knochen, Gehirn und dem Hörsinn. Der Wille und die Ehrfurcht sind die ihm zugeordneten Gefühle; er hilft bei Lebensangst und Panik und wenn man willenlos und wenig entschlußfreudig ist. Die schwarzblaue Kühle der Zypressen verströmt selbst in einer südlichen Landschaft etwas von der Kälte der Winterzeit. In dieser erleben Sie ihr intensivstes Wasser-Qi.

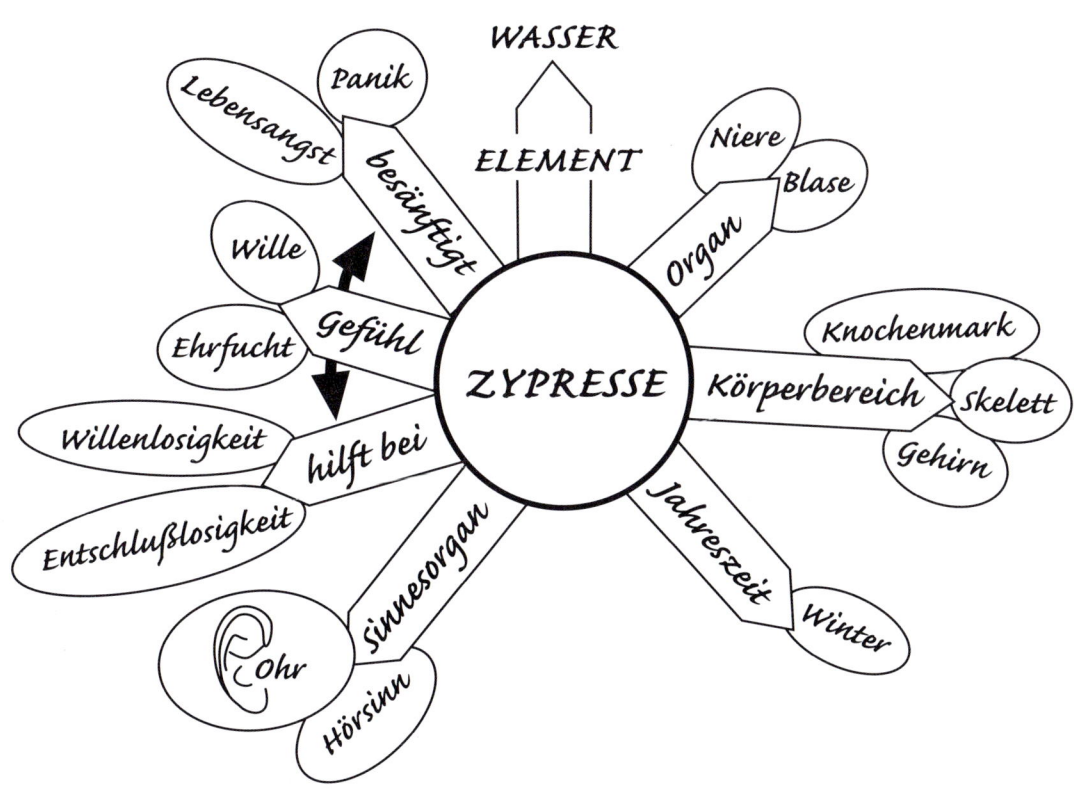

Abb. 43

DIE BÄUME DES ELEMENTES HOLZ

Die Fichte

Die Fichte, auch Rottanne genannt (*Picea abies*), gehört zur Familie der Kieferngewächse *(Pinaceae),* der Urbäume auf Erden. In den Bäumen hat sich das Element Holz durch die Fichte verwirklicht. Wenn Sie eine Fichte im Wald betrachten, sehen Sie einen immergrünen Baum, der unter günstigen Bedingungen auch bis zu 50 Meter hoch werden kann. Seine um den Zweig herum verteilt wachsenden dunkelgrünen, spitzen Nadeln behält er mehrere Jahre hindurch. (Die vorn runden Nadeln der Weißtanne sind hingegen unterhalb des Zweiges gescheitelt.) Die unteren Äste hängen bei alten Bäumen bis zur Erde, die oberen, kürzeren Äste stehen aufrecht. Der Stamm streckt sich kerzengerade zum Himmel, weshalb der Baum auch zu einem weitverbreiteten, für die Industrie sehr vorteilhaften Holzlieferanten wurde. Er wurde jahrzehntelang in Monokulturen angepflanzt, was in einem Jahr, in dem es viele Schädlinge gab, nachteilig war, da sich diese ungehindert ausbreiten und ganze Wälder zerstören konnten. Die Fichte wächst auf sandigem, steinigem Lehm- und Tonboden und bildet großflächige Wälder bis in winterkalte Lagen, wo Laubbäume nicht mehr gedeihen können. Ein Fichtenwald gibt den Siedlungen im Gebirge Schutz vor Lawinen. Fichten sind Flachwurzler; es genügt ihnen schon eine geringe Humusschicht, um sich zu ernähren und im Boden festzuhalten. Leider können heftige Sturmböen sie aus diesem Grund auch schnell entwurzeln.

Wirkung im Gemüt

Die Fichte besänftigt aus dem Gleichgewicht geratene Gefühle wie Zorn, Ärger, Wut und stärkt mangelndes Durchsetzungsvermögen und geringes Selbstvertrauen. Nadelbäume stehen selten allein, außer sie sind der letzte Rest eines Waldes. Sie scheinen sich in der Gruppe wohl zu fühlen. Ein Fichtenwald lehrt uns, unser natürliches Bedürfnis nach einem eigenen Platz in der Welt in Harmonie mit unserer Umgebung zu leben. Im Wald strebt jeder Baum nach Selbstentfaltung und schafft sich seinen Lebensraum im Wechselspiel von gesunder Aggression und Beschränkung durch das Umfeld. Sein primäres Bedürfnis ist es, sich vom Samen zum Keim zu entfalten, sich gegen Erdwiderstände zu behaupten, sein Revier in der Erde und in der Luft gegen andere Pflanzen zu verteidigen, um so

Abb. 44

in der Gemeinschaft des Waldes seinen Platz zu haben. Da er nicht von individuellen Gemütsbewegungen gelenkt wird, geschieht dies ohne Zorn und Ärger. Er lebt sowohl Selbstentfaltung als auch Selbstbehauptung in ungetrübter Harmonie.

Dies entspricht dem gesunden Bedürfnis jedes Menschen, sich zu entfalten, sich zu verwirklichen, seine Einzigartigkeit zu leben. Im Unterschied zum Baum strebt der Mensch nach Individualität, und die ist eng mit persönlichen Gefühlen verknüpft. Aus diesem Drang heraus mag es sich auch ergeben, daß man in der Selbstbehauptung übermäßig ist oder im Gegenteil sich in seinem Lebensraum zu sehr einschränken läßt. Wer sein Revier verteidigt, sich gegen einengende Lebensumstände behaupten muß, kommt, anders als Bäume, leicht in emotionale Unstimmigkeiten. In diesem Fall entstehen Aggression und Frustration, die in Wut, Zorn und Ärger ihren Ausdruck finden. Diese Gefühle sind Energiefresser und schädigen den Organismus im Bereich Leber/Galle. Vielleicht kommentieren Sie selbst einen solchen Gefühlsausbruch mit den Worten: »Der ärgert sich gelb und grün« oder »Dem kommt die Galle hoch«. Sogar der Bezug zu den Augen drückt sich in der Redewendung aus: »Jemand ist blind vor Zorn.«

So können Sie dem Gedankengang der Chinesen folgen, die diesen Zusammenhang zwischen dem Nadelwald in der Natur, dem Energiesystem Leber/Galle und dem existentiellen Bedürfnis nach Selbstentfaltung und Selbstbehauptung aufgestellt haben. In keinem anderen Denkmodell, das mir bekannt ist, hat sich diese Verbindung zwischen Natur und menschlicher Psyche bzw. menschlichem Organismus so nachvollziehbar erhalten.

Wirkung im Körper

Die Fichte stärkt und harmonisiert das Energiesystem Leber/Galle, die Körperbereiche Nerven, Sehnen, Muskeln und das Sinnesorgan Auge.

Wirkung in der Jahreszeit

Wenn Sie die Fichte im Rhythmus des Jahres-Qi betrachten, sind ihre Holz-Eigenschaften im Frühling (Holz) am ausgeprägtesten.

Außer Fichten treffen wir in Europa verschiedene andere Kieferngewächse, wie Weißtannen (*Abies alba*), Schwarzkiefern (*Pinus nigra*) und Föhren (*Pinus sylvestris*), die Zirbelkiefer (*Pinus cembra*) und die Bergkiefer (*Pinus mugo*). Von den beiden Letztgenannten stehen beeindruckende Exemplare sogar in über 2500 Metern Höhe. Sie sind Tiefwurzler, daher gegen Stürme besser gewappnet als die Fichten. Die Zirbelkiefer erkennen Sie an den Nadelbüscheln, die zu fünft in Kurztrieben an den Ästen stehen. Die Bergkiefer hingegen hat ihre Nadeln zu zweit in einer Scheide an den Ästen spiralig angeordnet. Sie werden sich fragen, wie das Qi dieser Bäume einzuordnen ist. Schon am hochgelegenen Standort können Sie sehen, daß diese Bäume Stürme und auch Kälte besser aushalten können als die empfindlicheren Fichten und Tannen. Beim Anblick der Föhren fällt die rötliche Färbung des oberen Teils des Stammes auf. Die Rinde der Äste ist ebenfalls rötlich gefärbt. Das harzige Holz der Bäume wurde, ehe es elektrisches Licht gab, zu Kienspänen verarbeitet, die besonders lang brannten. Denken Sie nur daran, wie heftig das Holz einer Föhre im Kamin Funken sprüht. Unzweifelhaft haben diese Bäume außer dem Element Holz noch einiges an Feuer in sich. Deshalb wurden sie auch nicht als typische Repräsentanten für das Element Holz auserkoren.

Wollen Sie diese Bäume mit dem Zyklus der Jahreszeiten in Verbindung bringen, so können Sie die Föhrenarten als späten Frühling, wenn schon etwas von dem Feuer des Sommers auftaucht, verstehen. Wollen Sie sich eingehender mit deren Qi-Qualität auseinandersetzen, wird Ihnen die Beschreibung des Elementes Holz (siehe S. 91) und des Elementes Feuer (siehe S. 92) Aufschluß geben. Wenn Sie im Gebirge wandern und ein schönes Exemplar gefunden haben, dessen Qi Sie aufnehmen wollen, nähern Sie sich ihm mit besonderer Achtung. Wer lange lebt, erlebt viel. Vielleicht hat der Baum die letzten hundert Jahre mit Menschen nicht die besten Erfahrungen gemacht ...

Begegnung mit einer großen Fichte im Gebirge

Dicht beieinander stehen Fichten und einzelne Lärchen, lassen kaum Platz für den Waldweg, der in engen Windungen steil bergauf führt. Durch die hohen Baumkronen dringen hin und wieder die kraftvollen Strahlen der Sommersonne, die dann wie Lichtinseln auf dem dunklen Waldboden aufleuchten. Der Weg mündet in eine steile Bergwiese. Eine mächtige Fichte schließt den Waldrand ab, läßt ihre Äste weit in die Wiese hineinhängen.

Ich steige die kurze Böschung zu ihr hinunter, biege die Äste ein wenig zur Seite und trete auf den weichen Nadelteppich, der sich um ihren Stamm angesammelt hat. Hier, in der schattigen Kühle, trägt die Sommerhitze Wellen von Harzgeruch zu mir. Meine Hände umfassen den mächtigen Stamm. Meine Blicke streichen über den Baumkörper, wandern am borkigen Stamm empor bis in das Blau des Himmels hinein, kehren zum Stamm zurück. Der Baum ist schön, ich spüre keine Ablehnung. Eine Ameisenstraße kommt unter einem Stein hervor, führt den Stamm hinauf. Ich werde dieses rege Treiben nicht stören.

Ich gehe auf die andere Seite. Mit den Fingern berühre ich den Stamm und ertaste eine Stelle, wo ich meine Stirn an den Baum lehnen kann. Ich wende dem Baum den Rücken zu und lege das Stirnband an. Meine Füße fühlen sich wohl auf dem weichen Waldboden. Vor meinen Augen hängt ein Ast herab, berührt fast mit den Spitzen seiner Zweige den Boden. Ich beginne mit den Körperübungen: vom Kopf abwärts Wirbelsäule und Gelenke lockern. Kühle und Ruhe umfängt mich. Die Einzelheiten des Baums verschwimmen. Ich schaue, aber sehe nicht mehr Ast, Zweige, Nadeln. Ich atme ruhig, die Fußsohlen öffnen und schließen sich im Rhythmus der Atemzüge. Ich muß mich anstrengen, alle Bewegungen bewußt auszuführen. Meine Handflächen atmen, meine Aufmerksamkeit löst sich auf in der Begegnung mit dem Baum. Ich drehe mich um, lehne die Stirn an die Rinde. Fast von selbst kommen die leichten kreisenden Bewegungen im Becken. Die Arme heben sich, meine Hände fühlen eine Berührung, spüren den Kontakt mit dem Baum, mein ganzer Körper hält Zwiesprache mit dem Körper des Baums. Die Bewegungen entwickeln sich, werden zwingender. Ich fühle ein starkes Ziehen seitlich in den Rippen. Ein Schwingen nach rechts, ein Wiegen nach links. Die Arme machen den Rhythmus der Bewegung mit. Ich empfinde den Druck auf der Stirn nicht mehr, mein Körper ist grenzenlos. Nach einer Zeit, die ich auf keiner Uhr gemessen habe, spüre ich, daß der Baum sich zurückzieht genauso wie mein Körper. Ich möchte meine Arme heben und bin erstaunt, daß sie meinem Impuls folgen. Ich verschließe mit den Händen meine Stirn und setze mich mit einem Gefühl der Dankbarkeit zwischen den herabhängenden Ästen auf den Boden. Erst jetzt höre ich wieder den Gesang der Vögel und wie der Wind durch die Zweige streicht.

Tags darauf fahren wir mit dem Auto weiter, und normalerweise muß ich jedesmal, wenn ich mich auf der Landkarte orientieren und einen kleingedruckten Ortsnamen lesen möchte, die Sonnenbrille abnehmen und die Lesebrille aufsetzen. Doch plötzlich bemerke ich, daß die Lesebrille neben mir liegt und ich trotzdem einen ganz klein gedruckten Namen lesen kann. Erfreut stelle ich fest: Es gibt nichts auf der Karte, was ich nicht lesen kann. Diese gestärkte Sehkraft bringe ich mit meiner Begegnung mit der Fichte (Holz - Leber - Augen) in Zusammenhang. Eine Harmonisierung oder Zufuhr von Holz-Energie macht sich in einer gesteigerten Sehkraft bemerkbar. Dieses Erlebnis verstärkte meine Überzeugung, daß die chinesischen Zuordnungen von Bäumen und Organen wirklich wörtlich zu nehmen sind. Dieser erfreuliche Zustand hielt etwa ein halbes Jahr an, dann ließ meine Sehkraft leider wieder nach. Aber es gibt ja zum Glück genug Nadelbäume.

Kommentar: *Es kann natürlich auch vorkommen, daß sich die Sehkraft nach dem Baum-Qi-Gong mit einem anderen Baum verbessert, weil sich das Qi-Potential allgemein erhöht. Meist ist dieser angenehme Zustand leider nur vorü-bergehend und hält nicht so lange an wie nach einem Besuch bei einem Nadelbaum mit seinem spezifischen Bezug zu den Augen.*

Ein Tannenbaum im Winterwald

Unberührt liegt die Schneedecke über Geröll und Moospolstern des Hochwaldes. Noch hat kein Reh oder Hase hier seine Spur gezogen. Ich bin neugierig, wie sich das Holz-Qi der Nadelbäume im Winter anfühlt. Ob die Bäume wohl im Winter schlafen? Mein Hören versinkt in dieser Stille wie die Füße im Schnee. Ich höre in diese Stille hinein, lausche dem Schweigen. Mein Blick wandert zu einem Tannenbaum am Wegrand, berührt den aufrechten, geraden Stamm. Schneehügel drücken seine zarten Äste herab. Ich arbeite mich durch den tiefen Schnee zu ihm, breite meine Arme aus und trete langsam in seinen Energiekreis ein. Ich fühle mich an seine Rinde gezogen und lege rasch einen Handschuh aus Wolle auf meine Stirn. Ich fühle den Druck der Rinde und hoffe, der Handschuh wird nicht wegrutschen. Leichte Schwingbewegungen ergreifen sofort meine Hände und Arme, Becken und Beine. Ich spüre, wie sich die Vorderseite meines Körpers öffnet und in Beziehung tritt zu dem Baumkörper. Das Ziehen wird immer stärker, ich verlasse die Empfindungen meines Körpers und verschmelze mit dem Baumkörper. Was Erde ist in mir verbindet sich mit dem Erdanteil des Baumes, was Feuer ist in mir, mit dem Feueranteil, was Wasser ist und das Gleichgewicht meiner Zellen erhält, verbindet sich mit dem was Wasser, was Saft ist im Baum. Ich fühle mich innen, tief drinnen im Baum, dort wo sein Mark ist. Sein

Saft fließt jetzt nicht. Es sieht aus, als würden sich viele kleine Kristalle in der Form von Bienenwaben übereinander türmen, leuchtend helle Lichtpünktchen, die sich im Baum zu einem Lichtturm aufbauen. Strahlende Helle spiegelt sich in meinem Stirnauge. Ich tauche wieder ein in das lichterfüllte Innere des Baumes. Ich habe meine Gefühle als Mensch ganz zurückgenommen, ich empfinde als Baum. Es ist ein ungewohntes Gefühl diese enge Verbindung mit der Erde, warm, feucht, dunkel, das Festhalten der Wurzeln in der Erde. Ich kann reges Leben unter der Schneedecke wahrnehmen. Ich bin erstaunt, wie weit manche Samen schon ausgetrieben haben. Starke Schüttelstöße gehen durch meinen Körper, bringen mich in mein Bewußtsein zurück. Ich spüre wieder meine Beine, meine Wirbelsäule. Meine Hände schließen meinen Körper ab und trennen mich vom Baum. Weiter gehe ich durch den Wald mit dem neuen Bewußtsein, daß in jedem Baum das Licht der Sommersonne aufgehoben ist.

DIE BÄUME DES ELEMENTES FEUER

Der Apfelbaum

Malus domestica, der Apfelbaum, gehört zu den Kernobstgewächsen. Die ursprünglichen Vorfahren des Baums, den es heute in vielen hundert Kultursorten gibt, waren Wildbäume *(Malus sylvestris).* Diese Wildbäume wurden von den Persern zu Kulturpflanzen mit schönen, saftigen Früchten herangezüchtet. Die Römer verbreiteten diese in ihrem großen Reich und brachten sie zu den Völkern Mittel- und Nordeuropas. Schon bei den Germanen galt der Apfelbaum mit seinen zarten, lieblich duftenden fünfblättrigen Blüten als heilig, als Sinnbild reiner Liebe, als Fruchtbarkeitssymbol und Symbol der Unsterblichkeit. Die Frucht des Baums, der Apfel, war bei den Germanen ebenso wie bei den Griechen Attribut einer in ewiger Jugend strahlenden Göttin. Im ländlichem Brauchtum waren es die heidnischen Maijungfern, im Christentum übernahm die jungfräuliche Mutter Gottes als Maienkönigin, umgeben von blühenden Apfelzweigen, diese Rolle.

In einer griechischen Sage mußte der schöne Königssohn Paris unter drei Göttinnen – Hera, der Gattin des Zeus, Athene, der Göttin der Weisheit, und Aphrodite, der schaumgeborenen Göttin der Liebe – wählen und sollte der Schönsten einen Apfel reichen. Er entschied sich für Aphrodite und entfachte mit seinem Urteil Streit und Zerstörung. Bereits hier taucht neben der lichten, keuschen Seite des Apfels als Symbol seine dunkle Seite auf. Auch in der biblischen Schöpfungsgeschichte wird aus dem goldenen Apfel des ewigen Lebens die verbotene Frucht, das Sinnbild der Fleischeslust. Eva, die Adam den Apfel reichte, muß als Gefallene das Paradies verlassen, beschmutzt von der Erbsünde. Sie sehen also in diesem Symbol auch die dunklen Seiten der Liebe. Erinnern Sie sich an die Beschreibung des Elementes Feuer in der Jahreszeit Sommer: Die Menschen nehmen einander wahr im Zeichen des Feuers, finden zu Beziehung und damit zu Abhängigkeit. Zu den Spielarten der zwischenmenschlichen Beziehungen gehören neben Sexualität auch alle Variationen von Macht. Der goldene Reichsapfel eines Herrscherhauses etwa ist Zeichen seiner weltlichen Macht. Der mit dem Kreuz geschmückte Apfel, den das Christuskind auf vielen Bilddarstellungen in Händen hält, ist Zeichen seiner himmlischen Macht.

Abb. 45

Wirkung im Gemüt

Der Apfelbaum stärkt und harmonisiert die emotionale
Energie der Beziehungsfähigkeit und der Freude. Dieses
grundlegende Gefühl drücken wir in Lebensbejahung, Lebensfreude, Kreativität und Inspiration aus. Erst die Freude
am Leben macht das Leben lebenswert, und die Beziehungsfähigkeit ermöglicht es uns, anderen Geschöpfen
diese Freude mitzuteilen. Spontanes Lachen ist Ausdruck
unserer Freude und unseres Wohlbefindens. Zur Beziehungsfähigkeit gehört natürlich auch die Kommunikation.
Wenn Sie sagen: »Mir liegt das Herz auf der Zunge«, haben
Sie intuitiv den Bezug des Sprechens zum Herzen hergestellt. Übertriebene Freude bezeichnet man als Hysterie.
Diese findet durch den Apfelbaum Besänftigung.

So deutlich wie sonst kein anderer Baum lebt uns der
Apfelbaum Beziehungsfähigkeit in vollendeter Harmonie
vor. Sein Feuer entzündet sich am Funken der Schöp-
fungsliebe, der ihm seine Gestalt gibt. Entfacht von der
heiteren Unschuld seines paradiesischen Zustandes,
brennt sein Feuer ruhig und verläßlich. Wenn Sie sich in
den Wirkungsbereich seines herzerfrischenden Feuers be-
geben, sich auf seine Schwingung einstimmen, werden Sie
hineingeführt in die freudige Stimmung, die von ihm ausgeht. Möglicherweise machen sich auf dem Weg zur
Freude die Altlasten Ihrer negativen Gefühle wieder bemerkbar. Versuchen Sie, jedes dieser Gefühl ernst zu nehmen, stellen Sie sich diesem in Liebe, und sie werden sich
auflösen. Dann wird Ihr Herz frei sein und Sie zu fröhli-
chen Gefühlen inspirieren. Der englische Arzt Dr. Bach hat
im wilden Apfelbaum die Essenz *Crab Apple* gefunden,
die Menschen hilft, die sich unrein, beschmutzt, wertlos
fühlen. Menschen, die ihre sexuellen Wünsche in einer
Beziehung nicht leben können, weil Sexualität sie be-
flecken würde, werden durch das unschuldig fruchtbare
Feuer des Apfelbaumes gereinigt.

Wirkung im Körper

Das Qi eines Apfelbaums beeinflußt im Organismus das
Energiesystem Herz/Dünndarm. Hildegard v. Bingen beschreibt die Frucht des Apfelbaumes als zart und leicht
verdaulich. Sie schadet roh keinem Gesunden. Kranke
sollten sie gekocht oder gebraten zu sich nehmen.

Wirkung in der Jahreszeit

Im Sommer (Feuer) entwickelt der Apfelbaum sein stärk-
stes Feuer-Qi.

Der herzliche Apfelbaum

*Ein großer Obstgarten auf einem schönen Südhang. Es gibt
kaum eine Obstsorte, die hier nicht vertreten ist: große, alte
Nußbäume, Kirschen-, Birnen- und Apfelbäume. Jeder, der
an diesem Qi-Gong-Seminar teilnimmt, sucht sich einen
Baum aus. Das ist gar nicht leicht. Schließlich lande ich bei
einem stattlichen Apfelbaum. Ich kann den Stamm mit meinen Armen nicht mehr umfassen, so dick ist er. Die Zweige
biegen sich unter einer großen Zahl kleiner, grüner Äpfel.
Was dem Baum zuviel war, liegt schon im Gras. Ein wenig*

verwildert sieht der Apfelbaum aus. Vielleicht gefällt er mir deshalb?

Bei den Entspannungsübungen habe ich an einer Stelle das Gras niedergetreten. An diesem Platz bleibe ich stehen. Ich bringe meine Stirn näher zum Stamm. Warte auf eine Einladung. Fühle mich sanft hingezogen, leichte Schwingungen entstehen im Körper. Ich bin neugierig, was sich ereignen wird, warte. Außer diesen leichten Schwingungen spüre ich nichts; warum sollte ich mich selbst belügen? Ich bin enttäuscht, bleibe aber bei diesem Baum, um die anderen Teilnehmer nicht zu stören.

Plötzlich nehme ich ein Ziehen in meinem Brustbein wahr, mitten in meiner Brust. Das Ziehen wird so heftig, daß es fast schmerzt. Ich habe ein Gefühl, als ob man mir etwas mit Gewalt aus der Brust ziehen würde, etwas, das feststeckt wie ein Korken. Der Schmerz geht bis tief in die Brust hinein, klingt dann ab. Ich bin überwältigt von dem, was geschieht. Da kommt das Gefühl wieder, wie eine Welle, wird immer stärker, zieht, schmerzt ... und läßt wieder nach. Ich warte, und es wiederholt sich ein drittes Mal, aber viel schwächer als zuvor. Dann wird alles ruhig. Mein Körper, der Baum ... keine Bewegung mehr ... Seit diesem Tag sind meine Herzschmerzen, die mich schon seit Jahren immer wieder belästigt hatten, nicht mehr aufgetreten. Zum damaligen Zeitpunkt wußte ich nicht, welche Organe dem Apfelbaum zugeordnet sind.

Kommentar: *Erst durch das erwartungslose Verweilen beim Baum entstand die Möglichkeit zu dieser tiefen Beeinflussung. Der in diesem Erlebnis beschriebene Punkt auf dem Brustbein entspricht in der traditionellen chinesischen Medizin dem Akupunkturpunkt KG 17, dem Alarmpunkt des Herzens.*

Der Kirschbaum

Prunus avium, der Kirschbaum, gehört zur Familie der Rosengewächse (*Rosaceae*). Das Element Feuer ist im Apfelbaum vertreten und basiert hier auf einem ausgewogenen Verhältnis von Yin und Yang. Wir könnten es mit einem ruhigen Feuer vergleichen, um das man sich mit Freunden im Kreise niederläßt, ohne Angst zu haben, daß es explodiert und plötzlich ein Funkenregen auf uns niederregnen läßt. Ein Feuer mit anderen Eigenschaften finden wir im Kirschbaum. Noch bevor die Blätter im Frühjahr erscheinen, bedeckt sich der Baum mit üppiger, weißer Blütenpracht, was bereits die gewaltigen Kräfte erahnen läßt, die in ihm schlummern. Wenn die prallen, roten Früchte zwischen seinen Blättern hervorlugen, zeigt der Kirschbaum deutlich den Höhepunkt seiner feurigen Yang-Energie. Sein Feuer ist heftiger, wilder als das des Apfelbaums. Im Gegensatz zum Apfel, der bis zum letzten Kern genießbar ist, steckt in der Kirsche, geschützt durch eine steinharte Schale, ein Kern, der Blausäure enthält. Wenn Menschen zuviel von diesen Kernen essen, steigt ihnen die giftige Wirkung zu Kopf, und das führt zu Hitzewallungen und Schwindel. Tief im Inneren der Frucht steckt die geballte, archaische Feuerkraft des Kirschbaumes.

Wirkung im Gemüt

Die Psyche des Menschen erzählt in ihren Traumbildern von diesen ungebändigten Kräften, den verbotenen Früchten des Begehrens, die tief im Unbewußten schlummern. Manchmal erscheinen sie als wildes Tier, das den Schlafenden in seinen Träumen als Begleiter ohne Schatten verunsichert. Auch in dem Lied: »Die Kirschen in Nachbars Garten, sie sind so süß ...« steckt der Aspekt der verbotenen Frucht. Rot und rund glänzt die Lust des Fleisches im Grün des Laubes. Um dorthin zu gelangen, muß man den Zaun überwinden, der die zivilisierte Gesellschaft von der verbotenen, lockenden Wildnis der Gefühle trennt. In jeder Zeit und Gesellschaft gibt es orgiastische Feste, die es den Menschen für eine kurze Zeit gestatten, ihre wilden Gelüste und animalischen Triebe auszuleben. Mit dem Lied gesprochen, ist es dann gestattet, über den Zaun von Nachbars Garten zu klettern und die Kirschen zu genießen. Diese Zeiten werden den Menschen gewährt, damit sie sich von ihren gestauten Gefühlen befreien können. Wenn im Inneren eines Menschen physisch oder psychisch starkes Yang herrscht, gerät dieser unter Druck wie ein fest verschlossener Topf, unter dem Feuer brennt. Der Kirschbaum entwickelt keine persönlichen Gefühle, deshalb kann er sein starkes Feuer ohne Schaden ertragen. Wenn Sie sich hingegen sehr »ausgebrannt« fühlen, können Sie sich am Feuer-Qi des Kirschbaumes erwärmen.

Dr. Bach fand in den Blüten der Kirschpflaume, der wilden Verwandten unseres domestizierten Kirschbaumes, ein Elixier gegen innere Spannungen. *Cherry Plum* ist ein Mittel für Menschen, die Angst davor haben, daß ihre Gefühle explosionsartig zu Handlungen mit unabsehbaren Folgen eskalieren. Der Vergleich mit einem heftigen Feuer, das zur Explosion neigt, drängt sich geradezu auf.

Wirkung im Körper

Die Entsprechung im Körper ist das lodernde Feuer der Hormone. Wir wissen, daß Hormone geschlechtliche Lust und den Trieb zur Fortpflanzung steuern. Das Feuer des Kirschbaumes entspricht dieser sexuellen Vitalität unseres Organismus. Neben den »Feuerorganen« Herz und Dünndarm wird von der chinesischen Medizin noch ein weiteres, dem Feuer zugeordnetes Paar im Organismus angenommen: der Kreislauf und der Dreifache Erwärmer. Daß der Kreislauf – wir denken dabei an Blutdruck – mit dem Herzen in Zusammenhang steht, das auch ein Feuer-Organ ist, können wir nachvollziehen. Etwas schwieriger wird es mit dem Dreifachen Erwärmer. In der Vorstellung der Chinesen ist er ein *funktionelles* Organ, d.h., er ist kein physisches Organ wie z.B. die Lunge oder die Leber, sondern erstreckt seine Wirkung auf drei Bereiche: Er macht Feuer im Bereich der innersekretorischen Drüsen im Hals, im Solarplexus und im Urogenitalbereich. Zu seinen Aufgaben zählt auch die Überwachung der Hormone. Ein Mensch, der sich schlaff und kraftlos fühlt, der in seinen Abwehrkräften geschwächt ist, der viel Yang-Energie verbraucht hat, erhält unterstützendes Qi vom Kirschbaum.

Wirkung in der Jahreszeit

Das Feuer der Sommerzeit steigert das Feuer des Kirschbaumes.

Drei Begegnungen mit einem Kirschbaum

In unserem Garten steht ein großer, wilder Kirschbaum. Vielleicht hat ein Vogel den Kern dorthin getragen, und jetzt bedankt er sich jedes Jahr bei den Vögeln mit vielen kleinen, bittersüßen Kirschen. Ich kenne ihn gut; den dicken Stamm, die glatte graue Rinde, seine weit ausladenden Äste. Wenn seine Kirschen schwarz werden, pflücke ich einige und unterhalte mich mit ihm. Heute habe ich mir ein Stirnband umgelegt und wende mich dem Stamm des Kirschbaumes zu. Ich möchte meine Stirn an den Baum lehnen. Zu meinem Erstaunen drückt mich der Stamm weg. Ich versuche noch einmal, meine Stirn an den Stamm zu drücken. Wieder spüre ich diesen ungewohnten Widerstand. Ich ignoriere diese Abweisung und lehne meinen Kopf trotzdem an den Stamm. Das leichte Kreisen im Becken hält meinen Körper beweglich. Im Kopf spüre ich ein dumpfes Drücken. Es ist mir doch unbehaglich. Vielleicht ist heute nicht der richtige Tag, denke ich. Es ist besser aufzuhören. Den ganzen Nachmittag werde ich dieses dumpfe Gefühl im Kopf nicht los. Wenn man die ganze Nacht gefeiert und viel Alkohol getrunken hat, geht es im Kopf ähnlich zu. Es fühlt sich an, als hätte man einen Kater.

Ich kenne eine rundliche, junge Frau, mit einem breiten, offenen Gesicht und rosigen Backen. Ihre ganze Erscheinung strahlt Wärme und Energie aus. Sie hat noch nie etwas von Baum-Qi-Gong gehört, aber sie erzählte mir, daß sie immer unter Kopfweh leide, wenn sie beim Kirschenpflücken auf den Baum klettert und sich länger in der Krone aufhält. Die Kopfschmerzen vergehen wieder langsam, wenn sie herunterklettert und den Baum verläßt.

Kommentar: Das physikalische Prinzip, daß gleiche Ladungen einander abstoßen, gilt offenbar auch für Mensch und Baum. Wenn sich im Kopf schon viel Yang befindet und das Yang des Kirschbaumes noch dazukommt, geht das nicht gut.

Der gleiche Kirschbaum, der mir im Frühsommer Kopfschmerzen bereitet hatte, erweckte an einem kalten Wintertag ganz andere Empfindungen in mir. Ich war schon eine Weile durch den Schnee gestapft. Meine Blicke hatten die letzten bizarren Reste der Wiese, die aus der weißen Schneedecke lugten, gestreift, waren durch die kahlen Baumkronen der Obstbäume gewandert und blieben nun an der stahlgrauen, glänzenden Rinde des Kirschbaumes hängen. Ich näherte mich dem Stamm und streckte meine Finger nach ihm aus. Ich wollte ihn berühren, zögerte aber, weil ich eine eisige Kälte erwartete. Fast fühlte ich mich hingezogen, und so legte ich meine Handflächen an den Stamm. Ein wohliges Gefühl brachte mich zum Staunen: Er war nicht kalt, jedenfalls spürte ich nichts davon. Im Gegenteil, meine klammen Finger wurden erwärmt, und die Wärme kroch meine Arme empor und erzeugte ein angenehmes Gefühl. An diesem Tag konnte ich das Feuer des Kirschbaumes gut gebrauchen.

DIE BÄUME DES ELEMENTES ERDE

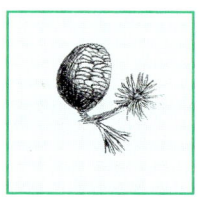

Die Zeder

Zedern gehören zur uralten Familie der Kieferngewächse (Pinaceae). In den heimischen Gärten und Parkanlagen finden wir die blaue Atlaszeder (Cedrus atlantica) mit ihren blaugrünen Nadelbüscheln und mit grünen Nadelbüscheln die grüne Himalayazeder (Cedrus deodara). Sie wachsen in kurzen Büscheln aus den Kurztrieben der dicken Äste und biegsamen Zweige und bleiben auch im Winter am Baum. Zedern erreichen eine Höhe von bis zu 40 Metern. Dazu benötigen sie bis zu 1500 Jahre. An klimatisch günstigen Standorten überdauert so ein Baum manches Menschenleben und erfreut mit seiner imposanten Gestalt mehrere Generationen. Ihre Samen bewahrt die Zeder in kleinen, aufrecht wachsenden Zapfen. Bäume, die aus Samen ohne Zutun von Menschen wild aufwachsen, sind in unseren Breiten kaum anzutreffen. Die letzten großflächigen Zedernwälder des Libanons haben die Römer vor Jahrhunderten für ihre Kriegs- und Handelsflotte abholzen lassen, denn das harzreiche, witterungsbeständige Holz der Zedern eignet sich hervorragend für diesen Zweck.

Wirkung im Gemüt

In der Zeder begegnen wir der Erde, der großen Mutter, dem nährenden Aspekt der Liebe, die sich im Menschen in Mitgefühl und Sympathie ausdrückt. In der Schutzmantelmadonna hat das Christentum ein Bild für diese Eigenschaften. Die behütende, wärmende Ausstrahlung des Baums läßt Sympathie und Mitgefühl in Ihrem Leben wieder erwachen. Der moderne Mensch lebt sein Leben aus dem Verstand, dem Denken heraus. Er muß analysieren, überlegen, Zusammenhänge durchschauen und schnell begreifen, um sich seinen Platz in der Gesellschaft zu sichern. Wenn diese Kopfarbeit zur Kopflastigkeit führt, kommen seine Gefühle zu kurz. Er kann dann nicht mehr »aus dem Bauch heraus« entscheiden. Es ist noch nicht lange her, da entstand der Begriff »Emotionale Intelligenz« aus dem Bedürfnis der Gesellschaft heraus, ein Gegengewicht zum Intellektuellen, zum Verstand zu setzen und den Emotionen zu ihrem Recht zu verhelfen. Wenn der Verstand auf Hochtouren läuft und die Gedanken sich verselbständigen, führt dieses wirre Denken zu keinem vernünftigen Ergebnis. Hier hilft die Zeder, die Kopflastigkeit abzubauen und den Gefühlen den Platz zu geben, der ihnen zusteht.

Abb. 46

Die Erde als Element und die Erde als Planet leben uns die mütterlichen Eigenschaften ohne negative emotionale Verzerrungen vor: Nähren, Hegen, Pflegen, Gedeihen-Lassen. Die Erde ernährt alle Lebewesen, aber sie ängstigt und sorgt sich nicht um deren Zukunft. Die Erde ist Mutter, aber ihre Kinder sind nicht ihr Besitz. Leider sind Menschen nur allzu schnell bereit, Anteilnahme am Schicksal des Nächsten in Sorge zu wandeln. Wenn sich jemand sorgt oder kümmert, so (Kummer!) ist das für alle Beteiligten belastend. Für den, der sich sorgt, denn unter seiner Sorge lauert seine ängstliche Phantasie, wie für den, dem die Sorge gilt, denn ihm wird die Angst aufgeladen. Wir benötigen für unser soziales Zusammenleben Anteilnahme und Mitgefühl, müssen diese gewähren und empfangen können. Wenn sich Mitgefühl in Mitleid wandelt, erscheint der Aspekt des Leidens im Vordergrund. Leiden ist ein lebensfeindlicher Zustand, kostet Energie und zwingt zur Passivität. Denn Leiden, auch Mitleiden, muß immer ertragen werden. Mitgefühl drängt zum Handeln, damit werden unliebsame Zustände verändert. Von den Zedern lernen Sie, Ihre sozialen Gefühle zuzulassen und sie angstfrei und sorglos (d.h. ohne Sorge, nicht ohne Verantwortung!) zu leben.

Wirkung im Körper

Die Zeder strahlt die Schwingung des Erd-Elementes in vollendeter Harmonie aus. Klare, ruhige Gedanken, ausgewogene Ideen sind die Grundlage der Entscheidungsfähigkeit. Zu wählen, was angenommen und was abgelehnt wird, diese Gemütsbewegungen finden ihre Entsprechung im Funktionskreis Milz/Pankreas-Magen. Diese Organe beurteilen und entscheiden auch im Körper, was aufgenommen oder abgelehnt wird. Sie entnehmen den Speisen die Nährstoffe, die der Körper braucht und führen sie ihm aufbereitet zu. Die Zeder unterstützt diese Verdauungsvorgänge in der Körpermitte. Die Ratschläge von Hildegard von Bingen zur heilkundigen Anwendung des Zedernbaumes decken sich mit diesem Bild: »Wer in seinem Körperinneren schwach ist und wer innen fault, lege grünes Holz der Zeder über Nacht in reinen Wein ein, so daß dieser den Geschmack davon annimmt, und nach dem Essen trinke er mäßig von jenem Wein.«[8] Auch bei Gicht und Milzerkrankungen empfiehlt sie den Baum.

Wirkung in der Jahreszeit

Spätsommer und Frühherbst (Erde) bringen das Erd-Element in den Zedern zur vollen Entfaltung.

Ein kleiner Zedernbaum

Freundlich und weich sind die Nadeln der Zeder. Meine Hände streichen die Äste entlang bis zu den zarten Spitzen. Dabei gleiten meine Finger über die dicken Nadelbüschel am holzigen Ast bis zu den winzigen Büschelchen an den Astenden. Wie hell und lichtdurchlässig die ausladende Krone des Baums wirkt. Von den Nadelbäumen des heimischen Waldes hat nur die Lärche ein ähnlich zartes Nadelkleid. Diese läßt ihre Nadeln aber im Spätherbst fallen, die Zeder behält sie über die kalte Jahreszeit hinweg.

Mein kleiner Zedernbaum wirkt offen und freundlich. Zwischen seinen Ästen findet meine Stirn schnell einen angenehmen Platz. Obwohl kein starker Wind weht, stellt sich rasch ein Gefühl von Bewegung, ein kreisförmiges Schwingen ein. Der Baum und ich, wir wiegen uns in sanftem Rhythmus. Es formen sich Worte in meinen Ohren: »Die Zeder ist ein Baum der Mitte.« Das läßt mich an meinen Körper denken. Wo ist meine Mitte? Ein starkes Ziehen im Magenbereich gibt mir die Antwort. Das Ziehen ist sanft, warm, angenehm. Ich fühle mich geborgen, gut aufgehoben am Baum. Gleichzeitig erstaunt es mich, daß ich meine Stirn nicht spüre, die doch mit einem gewissen Druck am Baum lehnt. Viel mehr empfinde ich meinen Magenraum als Mitte; Kopf, Arme und Beine sind darum herum angeordnet. Obwohl ich weiß, daß meine Füße den Boden berühren müssen, nehme ich das nicht wahr. Eine beschwingte Heiterkeit erfüllt meinen Körper und mein Gemüt. Beim Verlassen des Baums lege ich die Handflächen auf meine Stirn. Plötzlich spüre ich, daß ich sie auch auf meinen Magen legen sollte, um mich wieder zu verschließen. Ich gebe diesem Impuls nach, und diese Haltung führt zu einem angenehmen Ende der Begegnung.

Die Kastanie

Die Roßkastanie *(Aesculus hippocastanum)* gehört zur Familie der Roßkastaniengewächse *(Hippocastanaceae).* Auf der Suche nach einem Baum, der die seltenen Zedern im Element Erde ergänzen könnte, traf ich auf die Familie der Kastanien und ihre verbreitetste Art,

die Roßkastanie, auch »weiße Kastanie« genannt. Die Roßkastanie war ursprünglich in Asien und in der Türkei beheimatet. Wie sie nach Mitteleuropa kam, ist historisch belegt. 1569 gelangten die ersten Bäume aus der Türkei nach Italien, und 1576 wurden in Wien die ersten Bäumchen aus Samen gezogen. Man fand an dem schönen, dicht belaubten Baum allgemein Gefallen, und so wurde er erst in den barocken Parkanlagen der Adligen und später in den Gärten der Bürger und in Alleen angepflanzt; auf diese Art wurde er hier bereits im 17. Jahrhundert heimisch. Wenn seine weißen, leicht rosa oder gelb gefärbten Blütenkerzen erscheinen, bietet er ein Bild verschwenderischer Pracht. Man setzte ihn nicht nur wegen seiner Schönheit, sondern auch als Schattenspender, denn seine langstieligen, bis 25 Zentimeter langen, fünf- oder siebenfingrigen Blätter halten selbst die stärkste Sommersonne ab.

Eine Gruppe von Kastanienbäumen mit ihrem dichten Blätterdach macht einen Wirtshausgarten erst zu einem gemütlichen Ort, der die Menschen anzieht, Speis und Trank zu genießen. Wahrscheinlich wurde unter keinem anderen Baum mehr gegessen und getrunken als unter der Kastanie. Vielleicht erspüren die Menschen instinktiv die nährende, mütterliche Ausstrahlung dieser Bäume. Aber auch andere Eigenschaften der Kastanienbäume kommen den Menschen entgegen. Sie lassen sich zu verschiedenen Formen stutzen; und erst dann, wenn niemand mehr unter ihnen sitzt, bläst der Herbstwind die harten, braunen Kastanien aus ihren stacheligen, grünen Schalen. Aber nicht nur den Menschen sind die Kastanienbäume freundlich gesonnen. Ihre Früchte ernähren die Tiere des Waldes ebenso wie Haustiere. In Zeiten großer Nahrungsknappheit wurden die Roßkastanien in einem aufwendigen Verfahren von ihren Bitterstoffen befreit, geröstet und zu Mehl vermahlen. Dann waren sie auch für Menschen genießbar.

Wirkung im Gemüt

Die Eigenschaften, die den Zedern zugeschrieben werden, können Sie auch auf die Kastanien übertragen. Selbst wenn diese das Element Erde nicht so rein vertreten und in ihnen ein gewisses Feuer steckt. Bringen Sie sich die Stichworte »Mutter, Ernährung, Denken, Auswählen, Mitgefühl« in Erinnerung, und Sie haben die Eigenschaften der Kastanien in groben Zügen umrissen. Wenn Sie mit einem dieser Begriffe Probleme haben, gehen Sie zur Kastanie, lassen sich von ihrem Qi streicheln, bis sich Ihre Seele wieder freuen kann.

Auch Dr. Bach fand in diesen Bäumen Energiezustände, die er den Menschen durch sein Verfahren zugänglich machte. Er verwendete die Knospen und Blüten der weißen Kastanie für seine Mittel *Chestnut Bud* und *White Chestnut*. Vergleichen Sie die heilbringenden Eigenschaften, die er seinen Essenzen zuschrieb, mit der Elemente-Ordnung der Chinesen, so stoßen Sie auf verblüffende Ähnlichkeiten. Seine Essenz aus den Knospen der weißen Kastanie (Chestnut Bud) hilft Kindern ebenso wie Erwachsenen bei Lernschwierigkeiten. Im blockierten Zustand durchleben diese immer wieder dieselben Situationen im Leben und können für sich nicht entscheiden, was ihnen bekommt und was nicht. Ein gesunder Mensch hat immer die Fähigkeit, zu wählen, was er in seine Gedanken aufnimmt und verarbeitet und was er von sich

weist. Das Erlebte wird durch ein emotionales Schutzgitter gefiltert, um nur das bewußt werden zu lassen, was die Persönlichkeit ertragen kann. So gelingt es, belastende Eindrücke aus der Umwelt und aus dem sozialen Bereich nicht ungefiltert auf sich niederprasseln zu lassen.

Wenn Ängste, Unsicherheiten und andere unangenehme Gefühle den Menschen sehr verletzbar machen, verdrängt er Teile der Realität krankhaft, was ihn daran hindert, das Erlebte in Erfahrung umzuwandeln. Das Lernen wiederum ist ein gedanklicher Verdauungsprozeß, und der ist dann bei diesen Menschen gestört. Die Chinesen würden sagen, das Element Erde ist aus dem Gleichgewicht geraten, die Gefühle, die der Milz bzw. dem Magen, den Erdorganen im Organismus, zugeordnet sind, wie klares Denken und Entscheidungsfähigkeit, sind getrübt. Auch die Essenz aus den Blüten der weißen Kastanie (White Chestnut) gegen sich im Kreise drehende Gedanken – wie eine alte Schallplatte, die immer an derselben Stelle hängen bleibt – paßt problemlos zu der chinesischen Vorstellung: »Zu viele Gedanken schaden der Milz.« Wir haben unbewußt diese Assoziation zur Verdauung, wenn wir sagen: »Jemandem liegt ein Problem im Magen«, »Das hat er noch nicht verdaut« oder »Der kaut an einer Sache herum wie der Hund an einem Knochen«.

Die Rote Kastanie *(Aesculus carnea)* hat ihren Namen wegen ihrer rosaroten Blütenkerzen erhalten. In ihnen zeigt sich auch der Feuer-Anteil der Kastanien deutlicher als bei ihren nahen Verwandten, den weiß blühenden Kastanien. Wenn die roten Kastanienbäume Menschen wären, hätten sie eine zartere Gestalt als ihre robusten Brüder. Ihre Empfindungen wären weniger bedächtig, erdhaft. Sie würden die Erfüllung ihrer Gefühle in familiären Beziehungen suchen. Wen wundert es da, daß Dr. Bach aus ihren roten Blüten den Auszug *Red Chestnut* herstellte für Menschen, die sich ängstlich und übertrieben um ihre Lieben kümmern und sorgen, die es verlernt haben, ihnen freudige Zuwendung zu schenken.

Wirkung im Körper

Wie die Zeder hat auch die Kastanie nach der Zuordnung zu den Fünf Elementen Bezug zum Organsystem Milz/Pankreas–Magen und zu den fleischigen Teilen des Organismus. Alle Probleme, die mit Verdauung zu tun haben (im Magenbereich, *nicht* im Darm) finden Unterstützung durch Zedern und Kastanien. Es ist dabei nicht nötig, darüber nachzudenken, ob Sie zuviel oder zuwenig Magensäure haben, oder Beschwerden auf eine andere Weise genau zu definieren. Eine Berührung mit Zeder oder Kastanie auf dieser feinstofflichen Ebene erfüllt den Organismus, wenn auch nur für kurze Zeit, mit dieser harmonischen Schwingung und ruft in ihm die Erinnerung an die damit verbundene Gesundheit hervor. Dies ist ein Impuls, sich wieder in Richtung Harmonie zu entwickeln. Die feinstoffliche Wirkung von Kastanie und Zeder erstreckt sich auch auf Muskeln und Bindegewebe, die diesem Element zugeordneten Körperbereiche.

In der Volksheilkunde wird den Früchten der Kastanie Heilwirkung bei Rheuma, Gicht und Krampfadern zugeschrieben. Wer längere Zeit einige Kastanien in einem Beutel bei sich trägt, soll von solchen Beschwerden erlöst werden. Wer es dabei sehr genau nimmt, achtet auch auf die Yang-Zahlen: Die Drei, die Fünf oder die Sieben sind

yang, haben also stärkende Wirkung. In der Homöopathie erstreckt sich die Anwendung der Kastanie in Form des Mittels *Aesculus cortex* auf venöse Stauungszustände und die daraus resultierenden Krankheiten.

Wirkung in der Jahreszeit

Die Zeit des Elementes Erde (Spätsommer, nach europäischem Verständnis Frühherbst) gehört den Kastanien und bringt ihr Erd-Qi zur vollen Entfaltung.

Die Kastanie im Wirtshausgarten

Manchmal sind wir mit Freunden unter ihrem Blätterdach gesessen bis zum Abend, bis Lichterketten an ihren untersten Zweigen die Tische beleuchten. Heute besuche ich sie allein. Die Tische sind leer, es haben sich noch keine Gäste eingefunden. Die Blütenkerzen vom Frühjahr haben sich zu grünen Stachelkugeln entwickelt und hängen nun schwer an den Enden der Zweige. Bald werden sie aufbrechen und die glatte, rotbraune Frucht freigeben. Ich lehne mich mit der Stirn an den Baum, wandere mit den Händen den starken Stamm entlang, fast streichle ich den Baum. Ich warte entspannt. Ein leichtes Wiegen entsteht, ein Schwingen mit dem Baum. Bevor ich zu diesem Baum ging, habe ich bemerkt, daß Wolken aufziehen. Jetzt spüre ich, wie der Baum darauf wartet, daß die ersten Tropfen auf seinen großen Blättern landen.

Im Nachbargarten wird ein Haus umgebaut. Die Handwerker arbeiten emsig ... Es liegt viel Lärm in der Luft. Ich höre ihn und höre ihn auch nicht ... Mich überkommt die Vorstellung, daß der Baum auch hören kann. Er scheint von diesen schneidenden Geräuschen abgelenkt, fast beunruhigt. Ich denke: Wenn Bäume wirklich unseren Lärm hören können ... Ob sie auf diesen Lärm reagieren? Vielleicht mit Streß wie wir Menschen? Meine Gedanken verschwinden wieder. Jeder Gedanke löst sich von selbst auf. Ruhe entsteht zwischen dem Baum und mir. Stille im Lärm. Zuneigung wächst aus der Stille. Langsam spüre ich Entgegenkommen. Behutsames Erwidern, Geborgenheit. Unterhalb des Brustbeines, im Körper drinnen, entwickelt sich ein Druck, ein angenehmer Druck. Er fühlt sich an wie eine Verbindung, die in das Innere des Baums reicht, dorthin, wo sein Lichtzentrum ist. Ich setze diesem Gefühl keinen Widerstand entgegen, warte und warte nicht, bis meine Zeit hier abgelaufen ist.

Dann bewege ich meine Arme wieder bewußt, bringe Bewegung in meine Füße und schließe mich ab auf der Stirn und auch am Magen. Als ich aus dem Schatten des Baums trete, sehe ich, daß die freistehenden Tische naß sind ... Es hat wirklich leicht geregnet.

Die Edelkastanie

Die Eßkastanie (*Castanea sativa*) gehört zur Familie der Buchengewächse (*Fagaceae*). Sie ist wirklich die Königin unter den Kastanienbäumen. Wie ihre Verwandten fand auch sie den Weg aus Kleinasien in die Mittelmeerländer. Die Römer trugen viel zu ihrer Verbreitung bei und brachten sie bis in kältere Gegenden. Aber ihre Vorliebe für warme Regionen ist ihr geblieben. Unter günstigen Bedingungen kann sie sich zu einem stämmigen 20 bis 30 Meter hohen Baum mit breiter, ausladender Krone entwickeln. Ihre Blätter sind länglich, schmal, der Rand ist deutlich gezähnt. Wer üppige Blütenpyramiden erwartet, wird enttäuscht. Ihre Blüten sind unscheinbare, weißlich-gelbe Rispen, die sich im bereits voll entwickelten Laub fast verstecken. Nur ihre Früchte haben äußerlich Ähnlichkeit mit den Roßkastanien. Wie bei diesen stecken die braunen Früchte in einer besonders stacheligen, grünen Kapsel. Ihr Geschmack unterscheidet sich allerdings wesentlich von dem ihrer bitteren Verwandten. Die Edelkastanie schmeckt nicht nur als gebratene Maroni wunderbar süß, sie ist auch gekocht eine nahrhafte Speise und war, bevor die Kartoffel aus Amerika nach Europa gebracht wurde, ein verbreitetes Nahrungsmittel.

Hildegard von Bingen lobt die Eigenschaften des Baums über alles: »Alles, was an ihm ist, und auch seine Frucht ist nützlich gegen jegliche Schwäche im Menschen.« Und weiter: »Wer an Milzschmerzen leidet, röste diese Kerne etwas in Feuer, esse sie oft mäßig warm und seine Milz wird warm und bestrebt sich völliger Gesundung.«[9] Sie gibt auch ein Rezept gegen Magenbeschwerden an, den Maronibrei, und den Maronihonig gegen Leberleiden. Zum Vergleich die Chinesen: Bei ihnen gehört die süße Kastanie dem Element Erde an und die Geschmacksrichtung »süß« ebenso. Im Buche *Nei King* heißt es: »Das Süße tritt in die Milz ein und stärkt und ernährt den Magen, im weiteren die Leber. Seine Wirkung besteht im Harmonisieren.«[10] Diese Aussprüche lassen eine erstaunliche Ähnlichkeit erkennen, obwohl sie aus so unterschiedlichen Kulturen stammen.

Die Edelkastanie in La Cetina

Diese Eßkastanie gehört zu den ältesten der Toskana. Angeblich soll sie 500 Jahre zählen. Als das Leben Leonardo da Vincis sich dem Ende zuneigte, hat ihr Keimling vielleicht die ersten Wurzeln in die Erde gegraben. Seither steht sie auf der Anhöhe, und ihre Erscheinung hebt sie durch Größe und Schönheit von allen anderen Bäumen ab. Um sie herum, in größerem Abstand, liegen die Gehöfte toskanischer Bauern: dicke Natursteinmauern mit kleinen Fenstern, Torbögen und steinerne Stiegen, überdeckt von großen Dachflächen. Die Häuser lehnen sich an den Hügel und überlassen dem Baum die Höhe des Himmels. Die Bauern haben die Gegend schon längst verlassen, und das Gras steht hüfthoch dort, wo sich früher wohl das Dorfleben zugetragen hat. Zweige und Grashalme berühren einander fast, und ein leichter Wind spielt mit ihnen. Wir wollen diese beeindruckende Wildnis nicht stören, lassen das Auto stehen und gehen den Rest des Weges zu Fuß ...

Der Stamm der Kastanie ist tief gefurcht; ihr glattes, grünes Laub, gesunde und einige abgestorbene Äste, alles erzählt von ihrem hohen Alter. Der Stamm ist von den Wurzeln aufwärts bis in etwa einen Meter Höhe hohl. Irgendwann einmal hat wohl ein Blitz eingeschlagen, und der Stamm hat Feuer gefangen. Das Innere ist leer. War es in früheren Zeiten von einem Heiligenbild oder einer Kultfigur bewohnt? Ein großer, flacher Stein liegt auf zwei Steinklötzen, vom Gras fast zugedeckt. Der hohle Baum, darunter der Stein, vielleicht ein Altarstein oder nur ein Sitzplatz im Schatten? Die Stimmung des Platzes läßt mich spüren, daß hier eine große, alte Schlange wohnt. Im Geiste ersuche ich sie und alle unsichtbaren Bewohner des Ortes, uns einige Tage Gastfreundschaft zu gewähren. Ich spreche mit dem Geist der Kastanie und bitte ihn um Verzeihung für die Ausdünstungen unseres Autos. Von der Schlange erbitte ich, sie möge uns nicht mit ihrem Anblick erschrecken. Dem Gras verspreche ich, es so wenig wie möglich zu zertreten. Unsere Freunde erzählen uns, daß gestern einer der Hunde durch den Biß einer schwarzen Viper gestorben sei, so wäre es besser, vorsichtshalber nur mit Gummistiefeln durchs Gras zu gehen. Ich beschließe, von diesem Schutz keinen Gebrauch zu machen, und behalte meine Sandalen an. Ich achte darauf, wo ich hintrete, so verletze ich kein Tier und hoffe, daß die Schlangen und Insekten auch freundlich zu uns sind.

Nach den Ausflügen in die Städte der Toskana erholen wir uns auf dem Hügel im Schatten des Baums und verbringen die Nacht im Campingbus unter dem Baum. Unsere Freunde setzen sich zum gemeinsamen Picknick zu uns, und die Hunde legen sich neben uns ins Gras. Während wir essen und trinken, wandern meine Augen über die Gegend, und meine Ohren lauschen in den Baum hinauf, hören sein Flüstern und Raunen und versuchen seine Sprache zu verstehen. Nach Tagen nehmen wir Abschied und sagen Danke für die freundliche Aufnahme. Zu Hause erreicht uns ein aufgeregter Anruf. Einer unserer Freunde wollte seinen Liegestuhl unter der Kastanie ins Gras stellen, um dort, wie gewohnt, Siesta zu halten. Plötzlich sah er, wie sich eine riesige Schlange auf ihn zubewegte. Sie war in seiner Erinnerung armdick und mindestens zwei Meter lang. Er lief mit seinem Stuhl unter dem Arm davon, so schnell wie schon lange nicht mehr. Noch heute denkt er mit Schaudern daran, daß er dort tagelang ruhig gesessen ist. Ich beruhige ihn und meine, die

Schlange wollte nur nachsehen, ob alle Menschen aus ihrem Revier verschwunden sind. Wenn er im Spätherbst die Maroni einsammle, solle er mit ihr sprechen oder sich Gummistiefel anziehen.

Die Buche

Die Rotbuche *(Fagus sylvatica)* aus der Familie der Buchengewächse *(Fagacae)* gehört, auch wenn es ihr nicht anzusehen ist, zur gleichen Familie wie die Edelkastanie. Da die Rotbuche in Europa so häufig vorkommt, möchte ich mich ein wenig mit ihr beschäftigen, obwohl sie nicht eindeutig einem bestimmten Element zuzuordnen ist.

Das Nahrung spendende Element Erde finden Sie in den Früchten des Baums, den Bucheckern. Diese pyramidenförmigen, dreikantigen Nüßchen stecken in einem stacheligen Becher, der aufbricht, wenn die nahrhaften, stark ölhaltigen Nüsse soweit gereift sind, daß sie ihren Schutz nicht mehr benötigen. In Zeiten des Überflusses ernähren sie Wildschweine mit ihren schmackhaften Kernen. Ich erinnere mich an die Zeit, als ich mit meinem Bruder im Wald Bucheckern sammelte und unsere Mutter daraus eine köstliche Geburtstagstorte machte. Das Harz der Buchen, der Buchenteer, ist leicht brennbar und riecht stark. In diesem Saft des Baums tritt das Element Feuer deutlich in Erscheinung. Unter dem Namen *Kreosot* findet er in der Homöopathie als Haut- und Schleimhautmittel Verwendung.

Buchenwälder haben eine erhabene Ruhe, fast wirken sie unnahbar und abweisend. Der graue, glatte Stamm der Buche wirkt streng und kühl. Diese Reserviertheit bringt sie dem Element Wasser nahe. Ihre deutliche Revierverteidigung – in einem Buchenwald wachsen kaum andere Pflanzen, kaum Unterholz –, läßt etwas vom Element Holz in ihnen vermuten. Lassen Sie sich nicht davon abhalten, zu einer schönen, alten Buche zu gehen, nur weil Sie denken, sie entspräche keinem Element. Vielleicht ist gerade diese Qi-Mischung die richtige für Sie, an diesem Tag und zu dieser Zeit.

Erfahrungen im Buchenwald

Erst langsam öffnet sich der Baum dem Menschen, der ihn besucht. Je nachdem, wie es um Ihren eigenen Energiehaushalt bestellt ist, sind die Empfindungen verschieden. Eine Besucherin berichtete mir, daß sie förmlich fühlte, wie ihr Körper jegliche Spannung verlor. Diese totale Entspannung dauerte eine Weile, dann empfand sie ein Prickeln im Kopf, eine Wärme. Danach nahm sie einen leichten Druck im Kopf wahr, und am Schluß spürte sie, daß sie voll von Energie war.

Eine andere Besucherin empfand den Körper des Baums stark. Sie drückte es so aus: »Ich hatte das Gefühl, daß der Baum mir Halt gibt, daß ich mich an ihn anlehnen kann. Er ist so stark und so fest verwurzelt in der Erde, das gibt mir Vertrauen. Als ich den Baum umarmte, spürte ich die Wärme des Baums, obwohl der Tag kalt war. Ich spürte seine beschützende Kraft. Er könnte für mich ein Zufluchtsort werden. Der Ausspruch ›Bruder Baum‹ auf jeden Fall trifft zu.«

Der Birnbaum

Zur Familie der Rosengewächse (*Rosaceae*) gehört auch der Birnbaum *(Pyrus communis)*. Er wächst in nahezu jedem Hausgarten in vielen verschiedenen Sorten. Sogar als Alleebaum findet er Verwendung. Wenn Sie an Kernobst denken, kommen Ihnen sofort Äpfel und Birnen in den Sinn, und Sie meinen, zwischen diesen gäbe es doch fast keinen Unterschied. Natürlich ist der Apfel rund, und die Birne hat eine eher ovale Form. Auch die Erscheinung der Bäume ist zum Verwechseln ähnlich. Aber wenn Sie mit einem Gärtner sprechen, wird er Ihnen erzählen, daß dort, wo ein Birnbaum wächst, kein Apfelbaum stehen möchte, und umgekehrt ist es ebenso. In ihrer Ausstrahlung gibt es große Unterschiede zwischen den beiden Bäumen. Vielleicht bevorzugt deshalb jeder Baum einen Standort mit anderer Erdstrahlung. Im Birnbaum mischen sich vor allem die Elemente Erde und Metall.

Hildegard von Bingen beschreibt den Birnbaum als »mehr kalt als warm« und die Frucht als »schwer, gewichtig und rauh«. Wird sie übermäßig gegessen, macht sie Kopfschmerzen und »Dämpfigkeit« in der Brust. Sie erklärt dies damit, daß die Birnen erst wachsen, wenn der Morgentau sich auflöst. Gekocht oder gebraten, sind sie dem Menschen bekömmlich und suchen in seinem Körper die Fäulnis (Dickdarm) auf und führen sie ab. In der Diätlehre der Chinesen gilt die Birne als Yin-Nahrung, vom Geschmack her ist sie süß und kalt. Es wird empfohlen, aus Birnen ein Kompott zu machen und den Saft öfter zu trinken. Er unterstützt bei Bronchitis den Heilungsprozeß und

wirkt schleimlösend. Verwundert es Sie, daß die gekochte Birne einmal für die Darmreinigung empfohlen wird und ein andermal für die Lunge? – Dafür bietet die traditionelle chinesische Medizin eine gute Erklärung: Die Lunge ist das Yin-Organ, welches mit dem Yang-Organ Dickdarm in energetischer Abhängigkeit steht. Beide werden dem Element Metall zugeordnet. Kein Wunder, daß die Birne für beide in Frage kommt.

Der wilde Birnbaum

Am Rande des Waldes, bevor der Weg zwischen umzäunten Gärten in bewohntes Gebiet führt, steht ein wilder Birnbaum. Als ich ein Kind war, stand er auf einer Wiese. Mit den Jahren hat der Wald den Boden um ihn herum erobert, und der Birnbaum muß sich gegen vieles, was da wächst, wehren. Ich habe das Gefühl, daß ihm das nicht leicht fällt. Sein zartes Laub verströmt keinen aggressiven Geruch, unter seinem Blätterdach fühlen sich viele Sträucher wohl. Seit Jahrzehnten versucht er an Höhe zu gewinnen, größer zu sein als Ahorn-, Eschen- und Buchenschößlinge. Wenn die kleinen, holzigen Birnen im Herbst zu Boden fallen, scheinen sie viele Liebhaber auf dem Waldboden zu haben. Über Nacht ist alles weggeputzt. Jetzt, im Frühling, hat der Baum kleine rundliche Blätter ausgetrieben. Ein Regenwind hat die letzten Blüten weggeblasen und winzig kleine Fruchtknoten zum Vorschein gebracht.

Die Rinde am Stamm hat tiefe Altersfurchen. Mit dem Stirnband ist der Druck stark, aber nicht unangenehm. Ich mache leichte kreisende Bewegungen mit dem Becken und warte. Meine Arme beginnen sich zu heben, die Handflächen sind dem Baum zugewandt. Für mein Gefühl ist der Stamm weitaus größer, als seine holzige Realität tatsächlich ist. Meine rechte und meine linke Hand fühlen sich irgendwie völlig verschieden an ... Meine Hände werden den Stamm hinaufgezogen, sinken wieder. Mit jedem Mal wird die Bewegung langsamer, wie in Zeitlupe, sie bleibt trotzdem mühelos. Meine Stirn wird zum Stamm hingezogen; der Druck auf die Stirn wird stärker, das gleiche Gefühl im Magen zieht sich an einer Stelle zusammen, wird stärker, läßt nach und löst sich, taucht wieder auf und kommt mit einem kurzen Wärmegefühl zur Auflösung. Die körperliche Verbundenheit mit dem Baum nimmt zu. Die zum Himmel gerichteten Finger verschmelzen mit den Enden der Äste, mein Körper wird Stamm. Die Füße bleiben auf der Erde. Immer deutlicher spüre ich den Einfluß des Baums im Oberkörper. Plötzlich höre ich den Fluß des Saftes in den Blättern um mich herum knistern. Dann lausche ich wieder nach außen und höre das Singen der Vögel. Ich fühle, daß es Zeit ist, zum Ende zu kommen, löse die Stirn aus der Berührung und drücke die Handflächen darauf. Dabei stützen sich meine Ellbogen am Baumstamm ab. Diese Haltung gefällt mir, macht mich heiter. Darüber bin ich erstaunt. Ich bleibe eine Zeitlang in dieser Stellung, an den Baum gelehnt, dann verlasse ich ihn.

Kommentar: *In dieser Beschreibung zeigt sich die Wirkung des Birnbaumes im Bereich des Oberkörpers (Metall – Lunge) ... und auch der Magen (Erde) wird angesprochen. Bei Bäumen, die nicht einem einzigen Element zugeordnet sind, können sich von Mensch zu Mensch sehr verschiedene Erfahrungen einstellen, weil der Energiestatus des einzelnen die Erfahrung mitbedingt.*

DIE BÄUME DES ELEMENTES METALL

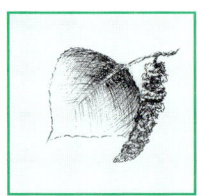

Die Pappel

Was im Birnbaum mit anderen Elementen vermischt ist, hat sich in den Pappeln in seiner Reinheit ausgeprägt. Sie sind die Vertreter des Elementes Metall, gehören zur Familie der Weidengewächse *(Salicaceae)*. *Populus*, die Pappel, tritt als Silberpappel *(Populus alba)*, als Schwarzpappel *(Populus nigra)* – eine Form der Schwarzpappel ist die Pyramidenpappel – und als Zitterpappel oder Espe *(Populus tremula)* auf.

Als ich mich auf die Suche nach Pappeln machte, durchwanderte ich die Donauauen. Die Pyramidenpappeln, die in Reih und Glied den Straßenrand säumen, gefallen mir nicht besonders. Sie sehen so seelenlos und gleichförmig aus. Ich nehme an, sie sind aus Stecklingen gezogen. Dadurch haben sie nie die Geburt aus dem Samen erlebt. Tiefer in der Au drinnen stehen viele Schwarzpappeln zusammen mit Eichen und Ahorn. Manche Bäume haben sich zu wahren Riesen entwickelt. Einige Birken haben sich auch einen Platz im dichten Baumbestand erobert. Neben den hellen Stämmen der Birken wirken die Schwarzpappeln schwer und dunkel. Dieser Baum wächst so schnell, man könnte meinen, seine

Haut könne nicht mithalten und platze deshalb. So ist der ganze Stamm von dunkelgrauen Längsrissen durchzogen. Je älter er ist, desto zahlreicher und schwärzer sind sie. Die Blätter sind rautenförmig, an der Oberseite dunkelgrün, unten graugrün. Wenn der Wind sie hebt, wirkt der ganze Baum noch »grauer«.

Ich bin auf der Suche nach einer Silberpappel weiter in den Auwald vorgedrungen. Bald merke ich, daß, abgesehen von dem stehenden Wasser, eine Menge Büsche, Brennesseln und Springkräuter mir den Weg zu diesem Riesen versperren. Sein dicker, hellgrauer, fast weißlicher Stamm mündet in einer ausladenden Krone. Die Silberpappel hat nur nahe beim Boden wenige, dunkelgraue Längsrisse in der Rinde ihres Stammes. Graue Querlinien verteilen sich bis hoch in die Äste, die das Blattdach formen. Die eiförmigen, auch dreieckig wirkenden drei- bis fünflappigen Blätter sind an der Unterseite weiß behaart. Eine Espe oder Zitterpappel finde ich außerdem, obwohl der Auwald nicht unbedingt ihr Lieblingsort ist. Sie gedeiht selbst in kalten Gegenden und wächst bis in 2000 Meter Höhe. Sie besiedelte unsere Landschaft schon lange, als andere Pappelarten noch ausschließlich in südlichen Ländern beheimatet waren. Ihre Blätter sind eiförmig bis rund, ein fahles Blaugrün an der Oberseite und ein helles

Abb. 47

Graugrün an der Unterseite. Es genügt ein zarter Lufthauch, und schon zittern ihre Blätter, denn die Blattstiele sind länger als bei anderen Pappeln. Je näher ich dem Flußufer komme, desto höher steht das Wasser zwischen den Bäumen. Das ist das Gebiet der Weiden, die ebenfalls zur Familie der Weidengewächse gehören. Sie sind leicht an ihren zarten, schmalen Blättern zu erkennen und an den weichen Astenden, die im Wind schwanken.

Wie kommt es, daß gerade diese Bäume mit ihrem leichten, brüchigen Holz dem Element Metall zugeordnet sind? Ein wenig zu einfach wäre der Gedanke, Metall werde schon durch den Namen nahegelegt, wie bei der Silberpappel. Wer die Härte des Metalls in den Bäumen sucht, geht also fehl. Ihr Holz ist nicht hart, aber spröde, und es splittert leicht. Aber die Pappeln sind kühle Bäume. In ihnen steckt die Kälte des Elementes Metall. Es fehlt ihnen die feuchte Wärme des Elementes Erde. Es fehlt ihnen an Feuer, denn in ihrem Stamm fließt kein feuriges Harz. Sie benötigen viel Wasser, um ihr trockenes Element (Metall – Trockenheit) zu kompensieren. Menschen atmen mit der Lunge, das luftreiche Holz der Au-Bäume atmet auf seine Art. Aufnehmen und Abgeben gehört zum Element Metall. Denken Sie an die Espe, die Zitterpappel, die schon beim geringsten Lufthauch mit einem Zittern und Wispern ihrer Blätter antwortet. Keine andere Baumart reagiert so empfindlich auf Luft wie diese Weidengewächse.

Wirkung im Gemüt

Die Wurzeln der Pappeln saugen viel Wasser aus dem Boden, ihre Blätter kommunizieren mit der Luft. Der ganze Baum gibt sich einem ständigen Prozeß des Fließens hin. Er nimmt auf und gibt ab, ohne Wehmut und Trauer. Nichts leichtsinnig wegwerfen aus Trotz und Verzweiflung, nein, im Aufnehmen und Abgeben den Wandel des Lebens zu sehen, das ist die Botschaft der Pappeln. Die Fähigkeit, etwas abzugeben, sich von etwas zu trennen, heißt, Verlust zu ertragen. Diese emotionale Energie, mit Verlust fertig zu werden, besitzt jeder gesunde Mensch – so ist er fähig, über Verlust und Trennung hinwegzukommen, ohne daran zu zerbrechen. Er lernt, wenn das Schicksal es fordert, rechtzeitig nachzugeben oder sich mit seinem Schicksal abzufinden, zu klagen und zu weinen, wenn er etwas verloren hat. Wer nicht klagen und nicht weinen kann, wird Verlust oder Trennung nicht überwinden und lebt in ständigem Kummer und Gram. Diese Stimmung legt sich auf seine Brust und macht sich durch tiefe Seufzer bemerkbar. Aus der Situation des Verlustes entstehen die Gemütsbewegungen Kummer, Trauer, Weinen, Klagen. Wie Sie erfahren haben, sind diese dem Element Metall zugeordnet. Wer nur aufnehmen möchte, aber niemals ohne Groll abgeben kann, bei dem entdecken wir im Gemüt Knauserigkeit und Geiz. All diese Gemütsbewegungen, bei denen eine Art Stillstand zu bemerken ist, werden von den Pappeln wieder zum Fließen gebracht. Wer Zwiesprache mit diesen Bäumen hält, kann ihnen sein Leid klagen und findet zu befreienden Tränen.

Auch bei diesen Bäumen decken sich die alten Erfahrungen der Chinesen mit den aus jüngster Zeit stammenden Erkenntnissen von Dr. Bach. Aus der gelben Weide *(Salix vitellina)* – sie ist eine unter Hunderten von Weidenarten und gehört ebenfalls zur Familie der Weidengewächse wie ihre Schwester, die Pappel – erschuf er ein

Mittel für Menschen, die einen Verlust nicht annehmen wollen, ihn als Benachteiligung durch das Schicksal erleben. Statt zu weinen und zu klagen, leben sie in ewigem Groll, den sie gegen sich und die Gesellschaft richten. *Willow* erlöst ihre blockierten Gefühle und befreit ihre Tränen. Wem kommen da nicht die Grabsteine mit den in Trauer gebeugten Engeln, die unter einem Weidenbaum sitzen, in den Sinn! Die Weiden waren immer schon ein Symbol der Trennung, des Todes, aber ebenso der Wiedergeburt und der Erneuerung. Sie beugen sich dauernd und wachsen trotzdem in den Himmel. Die Zweige von Pappeln und Weiden treiben Wurzeln, kaum daß sie in die Erde gesteckt wurden.

Die Zitterpappel, die auch ödes Land besiedelt, ist viel zarter gebaut als ihre schwarzen und silbernen Verwandten. Sie wächst sogar zwischen Steinen und Geröll, auf nacktem Boden, den das Eis der Gletscher erst jüngst freigegeben hat. Sie zeigt uns, daß wir auch vor Situationen, die wir nicht kennen, nicht zurückzuschrecken brauchen. Der Baum, der so viel zittert, lehrt uns, daß wir im Innersten stark genug sind, uns unserer Haut zu erwehren. (Erinnern Sie sich an die Assoziationsreihe: Herbst – Lunge – Metall – Yang – tief ins Innerste zurückgezogen.) Dr. Bach fand *Aspen*, das Mittel aus der Zitterpappel, für Menschen, die zu empfindlich auf ihre Umwelt reagieren, so, als wären sie mit einer Haut zu wenig auf die Welt gekommen. Wie Sie wissen, ist die Haut unser größtes Organ, das einen ansehnlichen Teil der Körperatmung bewältigt. Unsere Haut nimmt auf und gibt ab. Sie steht auch in der europäischen Medizin in engem Zusammenhang mit der Lunge. Wenn die Energie unserer Lunge schwach und unsere Haut zu dünn ist, können wir nicht einfach emotional aufnehmen und abgeben, dann ängstigt uns das Aufgenommene und wir können damit nicht angemessen umgehen.

Wirkung im Körper

Im menschlichen Körper sind die Organe Lunge und Dickdarm mit dem Aufnehmen und Abgeben beschäftigt. Vergleichen Sie die Lungenflügel mit dem Holz aus der Familie der Weidengewächse, der Pappeln und Weiden. Kein anderes Organ ist so luftreich, von so lockerer Substanz wie die Lungenflügel, denn in ihnen findet der Gasaustausch statt. Wenn sich dieser Austausch verlangsamt, und es allgemein zum langsamen Fließen der Lebenssäfte kommt, schleichen sich Unpäßlichkeiten ein. Wer immer nur flach atmet, leidet unter Sauerstoffmangel, seine Lungen sind schlecht ernährt, er erkältet sich leicht, Schleim kann die Lunge belasten, Husten und Bronchitis sind die Folgen. Dann helfen die Pappeln und Weiden, wieder zu einer freien Atmung zu kommen. Sie unterstützen mit ihrem harmonischen Metall-Qi ein schwaches Metall-Qi des Menschen. Besonders Menschen mit schmalen Nasenflügeln, ein Zeichen für ihre ebenso zart gebauten Lungenflügel, können durch diese Bäume ihr Metall-Qi aufbessern. Wer unter Kopfschmerzen leidet, dabei seinen Kopf als sehr heiß empfindet, und das Gefühl hat, der Kopf könnte gleich platzen, wer keinen Moment ruhig bleiben kann, der hat aus der Sicht der Chinesen »Yang-Kopfschmerzen«. Er wird unter einem Baum der Familie der Weidengewächse Erleichterung finden.

Zum Energiesystem Lunge gehört der Dickdarm als Ergänzung. Deshalb, so meinen die Chinesen, profitiert auch dieses Organ von der positiven Wirkung der Weidengewächse, aber nur dann, wenn Sie das Gefühl haben, daß Ihre Ausscheidung angeregt werden sollte. Menschen, die bereits unter Durchfall leiden, müßten sich überlegen, ob sie Kälte am Bauch als angenehm empfinden würden. Nur wenn das der Fall ist, sind diese kühlenden Bäume für einen Besuch zu empfehlen. Die reinigende und Säfte erneuernde Wirkung der Bäume aus der Familie der Weidengewächse kannte auch die Volksheilkunde, als sie aus deren Rinde Umschläge und Salben gegen Entzündungen und rheumatische Schmerzen bereitete.

Auch für den Brauch des »Besprechens« in früheren Zeiten, d.h., wenn man bei Bäumen sein Leid und seine Krankheit ablegte, wurden die Pappeln und Weiden verwendet. Mit rituellen Sprüchen versuchten die Kranken, die Bäume zur Übernahme ihrer Gebrechen zu drängen, manchmal bittend, öfter fordernd. Ihre kühlenden und Säfte treibenden Eigenschaften wurden auch gegen Zahnschmerzen genutzt. Dabei gab es bestimmte Zeitqualitäten zu beachten: »Suche drei Tage vor Vollmond einen Wasserlauf auf, an dessen Ufer alte Weiden stehen und sich im Wasser spiegeln. Wenn der Mond kurz vor Mitternacht die Wasseroberfläche erhellt, schöpfe von diesem Wasser, tränke ein Tuch damit und lege es auf die entzündete Wange. Tu dies jeden Tag bis zum Vollmond.

Wirkung in der Jahreszeit

Der (Spät)Herbst ist die Jahreszeit des Elementes Metall, und er bringt es in den Pappeln deutlich zum Ausdruck.

Der kühle Riese

Großer, alter Weidenbaum, ich weiß, du bist eine Schwarzpappel. Das sagt aber nichts aus über deine Größe. Ich muß mich im Detail verlieren, um deine Größe zu begreifen. Begreifen dich meine Hände, so verschwinden meine Finger in den tiefen Rissen deiner alten Haut. Immer wieder fahre ich den Wülsten und Rissen entlang. Es ist schwer, an dir einen Platz für meine Stirn zu finden – so gefurcht, wie du bist. Meine Haut ist so verletzlich gegen deine Haut. Wie alt bist du eigentlich? Was hast du erlebt in den letzten hundert Jahren? Ich spüre, du bist nicht gewohnt, daß Menschen dir so nahekommen wie ich jetzt. Ist es dir neu, unangenehm? Nein, du läßt geschehen. Deine Ruhe gefällt mir. Wenn ich atme, wird mein Atem so frisch. Langsam, erst langsam entsteht dieses Schwingen, das ich von anderen Bäumen kenne. Ein Riese, so wie du, schwankt nicht, er läßt sich nur zu ganz sanften Bewegungen hinreißen. Ich fühle, ich muß lange bei dir bleiben. Meine Hände umfassen deinen Stamm weit außerhalb deiner physischen Form. Sie werden erst dick, dann heiß. Du kühler Baum, wieso werden meine Hände heiß an dir? Spüre ich dein Qi? Den Stamm hinauf und hinab fühle ich deine Gestalt. In gemeinsamen Atemzügen fügt sich mein Körper deinem. Mein Atem nimmt den Pulsschlag deines Saftstromes an. Lange, gedehnt, kühl und frei. Immer wieder entstehen Pausen erholsamer Ruhe. Sehr spät spüre ich, welche Wirkung du auf mich hast. Ich nehme wahr, wie du mich schüttelst, wie man ein Tuch ausschüttelt, das staubig ist. Ich lasse dieses Schütteln zu und denke: »Es wird gut sein.« Eine Fliege setzt sich auf meinen linken Handrücken, und ich spüre meinen Körper wieder. Indem ich die Berührung wahrnehme, verschwindet die Einheit mit deinem Körper.

Laß es gut sein, alter Riese, ich werde dich wieder besuchen!

Die Weißbirke

Dem Charakter der Weidengewächse sehr ähnlich ist jener der Weißbirke, auch Hängebirken *(Betula pendula)* genannt, aus der Familie der Birkengewächse *(Betulaceae).* Die Birke trägt das Element Metall zwar nicht so rein in sich wie die Pappeln und Weiden, hat aber doch einen starken Anteil davon. Als Baum ist sie unverkennbar mit ihrem weißen, von dunkelgrauen bis braunen Querrissen durchzogenen Stamm. Auch an dickeren Ästen trägt sie noch dieses Muster, während die feinen, hängenden Zweige braun sind. Sie liebt feuchten Boden (Moorbirke – *Betula pubescens)* wie die Weidengewächse, verträgt auch kalte Gegenden und ist bis in den hohen Norden in verschiedenen Arten anzutreffen. Obwohl sie keine eßbaren Früchte trägt, wird sie doch immer wieder im Garten angepflanzt, weil wir uns an ihrem heiteren, zarten Aussehen erfreuen.

Ihre Wirkung auf den Körper und im Gemüt ist mit der von Pappeln und Weiden vergleichbar. Ihr lockeres Blattkleid und ihr heller Stamm vermitteln ein aufmunterndes, luftiges Bild, als würde der Baum flüstern: »Nimm doch alles nicht so schwer; sieh doch, wieviel Licht im dunkelsten Tag steckt! Nimm dir Zeit zum Aufatmen, zum Durchatmen.« Wenn Sie einer Birke begegnen, nehmen Sie sich ein Stück ihrer schwerelosen Heiterkeit und Liebe zum Licht mit in dunkle Tage.

Hildegard von Bingen hielt viel von den faulige Säfte austreibenden Eigenschaften der Birken und empfahl sie zur allgemeinen Reinigung und bei geschwürigen Krankheiten der Haut. Auch in der Volksheilkunde werden Blätter und Saft bei mangelnder Harnausscheidung und zur Blutreinigung verwendet. Für die äußerliche Anwendung sind Auszüge aus Birkenblättern und Birkensaft in vielen kosmetischen Präparaten zur Haarpflege enthalten. So treffen wir wieder auf die Zusammenhänge Lunge – Haut – Haare, wie sie die Chinesen postuliert haben.

Die stützende Birke

Die aufmunternde Wirkung einer Birke verspürte eine Frau, die erst kürzlich eine Dickdarmoperation hinter sich gebracht hatte und ein Baum-Seminar besuchte. Bevor sie noch von der Beziehung der Bäume zu Gemüt und Organismus etwas erfahren hatte, fühlte sie sich von der Leichtigkeit dieses Baumes angezogen. Die Nähe und den engen Kontakt empfand sie als sehr angenehm. Als sie sich an ihn lehnte, spürte sie eine noch stärkere Anziehung, ein Schwingen im ganzen Körper, eine Bewegung mit dem Baum. Sie mußte sich an ihn anlehnen, empfand ihn als Stütze. Sie war sehr ergriffen, fühlte sich verstanden und irgendwie aufgebaut. Sie beschloß, in ihrer näheren Umgebung eine Birke zu suchen, zu der sie oft gehen kann, um sich Hilfe bei ihrer weiteren Genesung zu holen.

DIE BÄUME DES ELEMENTES WASSER

Die Zypresse

Zypressen gehören zur großen Familie der Zypressengewächse (*Cupressaceae*). In den mitteleuropäischen, winterkalten Gegenden fühlt sich nur die Riesenzypresse (*Cupressocyparis leylandii*) heimisch. Weitere unter dem Namen »Zypresse« bekannte Bäume wie Säulen-, Hänge-, Gold- und Zwergzypressen sind Scheinzypressen (*Chamaecyparis)* und gehören auch zur Familie der Zypressengewächse. Ebenso wie die vielen Lebensbaumarten (*Thuja occidentalis* und *Thuja orientalis),* die als einzeln stehende Lebensbäume die Gärten schmücken oder als zurechtgestutzte Hecke die Blicke aus Nachbars Garten abhalten.

Wenn Sie an Zypressen denken, mag Ihnen eher das Bild eines dunklen, säulenartigen Baumes in einer südlichen Landschaft erscheinen, vielleicht am Gardasee oder auf einer griechischen Insel. Neben dem heiteren Blau des Wassers, den ockerfarbenen Häusern und den in südliches Licht getauchten Hügeln stehen sie streng und verschlossen in der Landschaft. Der schlanke, kerzengerade Stamm, die eng am Stamm in die Höhe wachsenden Äste geben dem Baum eine kompakte Form, die durch sein dunkles

Grün noch unterstrichen wird. Sein Anblick läßt Ehrfurcht erwachen, eine Ahnung von Vergänglichkeit aufkommen. In der Hitze der Mittelmeerländer verströmt die Zypresse einen herben, insektenabwehrenden Duft. Oft wurden diese Bäume an Wegen angepflanzt, die zu einem Bergkirchlein führen, und spenden nun den Pilgern Schatten und Erholung. Sowohl um die Orte, wo sie stehen, als auch um die Bäume selbst ranken sich seit alten Zeiten Legenden und Sagen, und immer werden diese Bäume mit Leben und Ableben in Zusammenhang gebracht. Sie sind die Wächter des Tores, die »Hüter der Schwelle«, die jeder Mensch durchschreitet, wenn er im Diesseits ankommt und wenn er wieder ins Jenseits zurückkehrt. Die Lebenden führt er in die tiefen Schichten ihres Unbewußten und klärt und reinigt ihre Seele, und die Verstorbenen behütet er in ihrer letzten Ruhestätte.

Wirkung im Gemüt

Zum Element Wasser gehören psychische Aktivitäten, die dazu führen, daß der Mensch seinen Selbstwert definiert und ein Bewußtsein für Werte innerhalb der Gesellschaft entwickelt. Jemand, der über seine eigenen Fähigkeiten

Abb. 48

Bescheid weiß, kann in schwierigen Situationen seine Grenzen erkennen und dadurch auch die Gefahr, die von dieser Lage ausgeht, für sich richtig einschätzen. Er mutet sich nicht zuviel zu und hat genug Entschlußkraft, um einer möglichen Gefahr zu entkommen. Er verhält sich wie Wasser in einer engen Schlucht: Er geht jedes Hindernis an, und wenn er es bewältigt hat, nimmt er sich das nächste vor. Er verweilt nicht aus Unentschlossenheit in der Gefahr, sondern hat unbeirrt den Ausgang oder Ausweg vor Augen. Entschlußkraft und Wille ermöglichen es ihm, nicht nur Gefahren zu erkennen, sondern auch Überlebensstrategien zu entwickeln und in die Tat umzusetzen. Ein Mangel an dieser Gemütsbewegung zeigt sich, wenn dem Entschluß, sich aus einer mißlichen Lage zu befreien, die Kraft und der Wille fehlen, ihn auch durchzusetzen. Der Mensch traut sich weniger zu, als er kann. Die vielen guten Vorsätze, die morgens gefaßt werden und den Abend nicht mehr erleben, sind ein gutes Beispiel dafür. Die Geradlinigkeit und Zielorientiertheit der Zypresse wäre eine gute Unterstützung.

Andererseits kann ein Mensch, der seine Fähigkeiten selbst gering einschätzt, eine schwierige Lage überschätzen und in Angst und Panik geraten. Angst frißt Energien, schwächt damit unsere Substanz und schädigt das Energiesystem Niere/Blase. Wie die Redewendung sagt, geht einem das dann an die Nieren. Wenn Sie eigene Ängste bei einer Zypresse abladen möchten, sollten Sie bedenken, daß diese Ängste vielleicht erkannt und aufgearbeitet werden wollen. Von diesem Weg können Sie, wenn er einmal eingeschlagen wurde, nicht einfach abweichen. Aber es ist tröstlich zu wissen, daß unser Unbewußtes nur soviel an Erkenntnis zuläßt, wie wir in der

Lage sind zu bewältigen, und vielleicht lösen sich die Ängste mit wachsendem Selbstwertgefühl wie Nebel in der Morgensonne von selbst auf. Jedenfalls unterstützt die Zypresse diesen Wandlungsprozeß.

Menschen, die Ihnen sehr wertvoll sind, begegnen Sie mit Hochachtung, mit Ehrfurcht. Dem Allerhöchsten mit Gottesfurcht. Diese erhabenen Gefühle bringt die Zypresse in uns zum Schwingen. Sie steht nicht umsonst an Plätzen, die in dem Besucher ebendiese Gefühle hervorrufen.

Wirkung im Körper

Bereits im Altertum kannte man verschiedene Heilanwendungen der Zypresse, wobei Blätter, Nüßchen und Rinde Verwendung fanden. Bei Plinius ist der Baum erwähnt, u.a. als Heilmittel bei Nierensteinen und allgemeinen Schwächezuständen des Körpers. Ähnlichen Rat gibt die heilige Hildegard von Bingen: »Wenn ein Mensch schwach ist und am ganzen Körper ermattet, der koche Zweige mit Blättern dieses Baumes in Wasser, und er nehme in diesem Wasser ein Bad, und er tue es oft, und er wird seine Kräfte wiedererlangen.«[11]

In der Volksheilkunde sind solche Anwendungen bei Schwäche des Körpers im Bereich der Venen, der Blase, auch bei Hämorrhoiden bekannt. Der Bezug der Zypresse zum Unterleib, zum Nieren- bzw. Genitalbereich ist offensichtlich. Wieder zeigt sich, daß naturkundige Menschen auch in verschiedenen Kulturen zu den gleichen Ergebnissen kommen. Die Zypresse wird in der chinesischen Lehre von den Fünf Elementen dem Energiesystem

Niere/Blase zugeordnet, weil beide, Zypresse und Niere, über das gleiche Element (Wasser) verbunden sind. Im Organismus ist die Niere vergleichbar mit einer Kläranlage, die filtert, und die Blase fängt als Sammelbecken auf, was auszuscheiden ist. Wenn die Energie dieser Wasser-Organe gestört ist, wenn die Kläranlage nicht ordentlich arbeitet, bleiben »schlechte« Säfte im Körper zurück, entstehen Störungen wie Rheuma und Gicht.

Auch die oben angesprochene Schwäche des Organismus läßt sich mit der Nierenenergie in Zusammenhang bringen. Die Chinesen unterscheiden zwei Hauptarten von Qi, die den Organismus erhalten. Das eine Qi ist das, was wir uns täglich durch Getränke, durch Nahrung, durch Atmung, durch unsere gesamte Lebensführung wieder auffüllen. Es ist unsere *erneuerbare* Energie. Es wäre für jeden wünschenswert, daß er sich diese stets aufs neue zuführt und seinen Qi-Pegel nicht durch falsche Lebensführung, exzessiven Genuß und alle Arten von Suchtmitteln reduziert. Das andere Qi, dessen Volumen wir nicht beeinflussen können, ist das, was wir von Geburt an mitbekommen haben, unsere Vitalität, unsere *Urenergie*. Diese ist nicht erneuerbar, ernährt unsere Geschlechtskraft, wohnt in den Nieren und wird im Laufe des Lebens abgebaut. Die Redewendung: »Jemand treibt Raubbau mit seinen Kräften« läßt diesen Vorgang erahnen. Wenn nun das Nieren-Qi geschwächt ist, weil der Mensch schon viel Urenergie verloren hat oder sein tägliches Qi nicht gut gepflegt hat, fühlt sich der ganze Mensch kraftlos. Dann findet er bei den Zypressen Kraft und Unterstützung, vielleicht hört er auch wieder auf seine innere Stimme, die ihm sagt, wie er besser mit seinem Körper umgehen sollte. Denn die Ohren gehören zum Nieren-Qi, ebenso die Knochen, das Skelett.

Wenn Reibegeräusche in den Gelenken entstehen und ein Knacken bei bestimmten Bewegungen, wäre ein Besuch bei einer Zypresse ebenfalls angebracht.

Es gibt in der traditionellen chinesischen Medizin etliche Akupunkturpunkte, die während einer Schwangerschaft nicht gestochen oder massiert werden dürfen, weil sie die Energie des Unterbauches zu heftig beeinflussen würden. Ähnliches gilt für die Zypressen. Wenn der subtile Prozeß der Entstehung neuen Lebens im Organismus stattfindet, ist es besser, das Nieren-Qi nicht zu stören und die Zypressen erst nach der Geburt des Kindes aufzusuchen.

Wirkung in der Jahreszeit

Die Winterzeit verstärkt das Wasser-Qi der Zypressen. Manchmal ist es aber vom Klima her angenehmer, Bäume des Elementes Wasser an einem schönen Herbsttag aufzusuchen als an einem kalten, windigen Wintertag.

Der Zypressenpilgerweg

Wir verlassen die Häuser des kleinen Dorfes und wandern den holprigen Weg weiter, der zwischen Steinmauern den Berg hinaufführt. Hier sind die Mauern nicht mehr gepflegt. Ein heftiger Winterregen hat Stein um Stein herausgedrückt, und die Steinlawinen verschütten Teile des Weges. Samentragendes Gras hat die kleinen Geröllkegel erobert. Der Geruch von Tieren, Fliegen und Stallmist ist schwächer geworden und wird vom Summen der Insekten und vom herben Akkord von Düften abgelöst. Der Weg paßt sich der Bewegung des Berges an, umgeht steile Halden und nützt sanftere Steigungen. Ausgetrocknete Disteln kratzen an den Hosenbeinen, Brombeerranken greifen weit in den Weg hinein. Immer wieder rollen einige Steine, losgelöst von unseren Tritten, ein Stück talwärts und bleiben in einer Mulde liegen. Der Weg ist anstrengend, die Sonne heizt die Luft auf.

Das flirrende Licht wechselt mit angenehmer Kühle, sobald wir die Baumallee der Zypressen erreichen. Hier hält jeder gerne inne. Der harzige Geruch, der von den Bäumen ausgeht, ist eine Erholung nach der staubigen Hitze. Das Atmen fällt leicht, kann sich unter den Bäumen ausbreiten. In regelmäßigen Abständen stehen sie hier, stoßen mit ihren Kronen fast zusammen, bilden einen dunklen Gang. Ich schiebe mit meinen Füßen einige verdorrte, stachelige Gewächse beiseite und wende mich dem ersten Baum zu. Es ist angenehm, die Arme auszubreiten und ihn aus der Ferne zu spüren. Näher möchte ich dem Baum nicht kommen, denn es arbeiten Menschen hier auf einem Feld und wir haben eine Wandergruppe überholt, die wird auch bald da sein. Ich spüre die tiefe Ruhe, die der Baum verbreitet, im Stirnauge ... wie eine Welle, die nach unten läuft, im Boden verschwindet. »Geh«, sagt der Baum in meinen Gedanken. Vielleicht will er mich nicht, denke ich und gehe ein Stück tiefer in die Allee zu einem anderen. Das Gefühl erhabener Ruhe verstärkt sich, die Zikaden zirpen nur mehr entfernt. Wieder hebe ich meine Arme, um mich dem Qi des Baums zu öffnen. Wieder spüre ich eine sanfte Welle vom Kopf abwärts durch die

Fußsohlen abfließen. Tiefe Ruhe stellt sich ein, aber dann wieder die Aufforderung: »Geh!« Der dritte Baum begegnet mir ebenso. Bin ich ein Wanderer, einer der nur kommen darf, um wieder zu gehen, einer der nicht verweilen darf?

Während ich von Baum zu Baum gehe, haben die Ausflügler wieder aufgeholt und bleiben aufatmend in der kühlen Allee stehen. Eine alte Frau, ganz in Schwarz gekleidet, ist dabei. Sie läßt sich nicht durch die anderen antreiben. Sie geht immer ein paar Schritte, dann hält sie inne. Dabei läßt sie einige Kugeln einer Kette, wahrscheinlich eines Rosenkranzes, durch ihre Finger gleiten. Erstaunlich, daß sie in diesen von Arbeit gezeichneten Hände noch soviel Gefühl für die kleinen Perlen hat. Kaum merkbare Bewegungen ihrer Lippen begleiten ihr Gehen und Stehenbleiben. Sie ist auf dem Pilgerweg. Jeder Schritt, jedes Wort, jeder Gedanke ist ein Geschenk an ihr Höchstes. Wie viele Prozessionen haben die Bäume wohl erlebt, wie viele mögen in den vielen Jahren seit ihrer Geburt hier zwischen ihnen durchgezogen sein? Sind die Gedanken der frommen Pilger wie die Fäden einer Spinne an ihnen hängengeblieben? Weben sie ein Netz der Ehrfurcht um die Wanderer und umhüllen sie mit dem herben Geruch der Vergänglichkeit? Finden andere durch dunkle Schatten auf dem Pilgerweg zum Licht? Meine Schritte haben sich denen der alten Frau angepaßt, sie folgen ihr. Wenn sie stehen bleibt, bleibe ich stehen. Dann dehne ich mein Fühlen bis in die Bäume hinein aus, spüre diese Verbundenheit, verbeuge mich mit der Alten in Demut und wachse mit den Bäumen zum Licht. So gehe ich mit ihr weiter und fühle mich nicht mehr fremd.

Der Walnußbaum

Der Walnußbaum *(Juglans regia)* ersetzt in winterkalten Gegenden die kälteempfindlichen Zypressen des Elementes Wasser. Er gehört zur Familie der Walnußgewächse *(Juglandaceae)*. Alte Exemplare können über 20 Meter hoch werden. Sie besitzen dann eine breite, ausladende Krone und benötigen viel Platz. Mit dem Alter wird die Rinde grau-rissig und tief gefurcht. Die länglich-elliptischen Blätter des Walnußbaumes sind unpaarig gefiedert – jeweils fünf bis neun Blättchen finden sich an einem Stiel. Zerreibt man sie, so duften sie stark und herb. Der Nußbaum ist ein weit verbreiteter Kulturbaum und in Dutzenden von Arten in Europa und auch in Amerika zu finden. Mit seinen großen Nüssen hat er die viel kleinere Haselnuß als Nahrungsquelle und auch als Kultpflanze verdrängt. Der Name »Walnuß« kommt von *welsch*, was »fremd« bedeutet. Der Baum stammt ursprünglich aus südlichen Ländern, und an Frost hat er sich bis heute noch nicht ganz gewöhnt. Dies gilt besonders während seiner Blütezeit. Eine frostige Frühlingsnacht kann eine ganze Nußernte vernichten.

Die Griechen weihten seine stark ölhaltigen Früchte dem Zeus, die Römer ihrem Gott Jupiter. Daher kommt auch der lateinische Name *Jovis glans* (Gattungsname: *Juglans*), was übersetzt die »Eicheln des Jupiter« bedeutet. Ausdruck ihrer hohen Wertschätzung war auch die Bezeichnung »Speise der Götter«. Die Römer pflanzten den Nußbaum gleichzeitig mit dem Weinstock in ihrem ganzen Imperium. Schon Plinius erwähnt in seinen Schriften den Nußbaum, der, wie so viele Kulturpflanzen, aus dem Vorderen Orient über Griechenland einwanderte. War es Wissen oder Instinkt, der es den Römern eingab, den Nußbaum mit seinen das Gehirn ernährenden Früchten zur gleichen Zeit wie den Weinstock zu verbreiten? Von letzterem ist uns nur zu gut bekannt, daß dessen vergorener Traubensaft, in größeren Mengen genossen, das Gehirn benebelt. War die Gehirnnahrung »Nuß« mit ihrem hohen Anteil an ungesättigten Fettsäuren gleich ein empfohlenes Gegenmittel? Sowohl Geburt als auch Tod werden in Mythen und im Volksglauben mit diesem Baum in Verbindung gebracht. Wer das Eintreten in diese Welt und das Verlassen derselben als Durchschreiten eines langen Weges ansieht, wird darin keinen Widerspruch feststellen. Walnußbäume wurden in der bäuerlichen Kultur des Voralpenlandes häufig nur von alten Menschen gepflanzt, weil der Volksglaube annahm, daß der Nußbaum in seinem frühen Wachstum an der Lebenskraft des Pflanzenden zehre und sein Leben verkürze. Ebenso wurde abgeraten, sich längere Zeit unter dem Baum aufzuhalten, da sein, wie man annahm, giftiger Geruch Kopfschmerzen bereiten kann. Der Volksglaube warnte ebenfalls davor, unter dem Nußbaum einzuschlafen, weil der Schläfer möglicherweise gar nicht mehr erwachen würde.

Andererseits ist der Nußbaum aber auch Sinnbild einer neuerwachten Lebenskraft und Fruchtbarkeit. So wurde bei der Geburt eines neuen Erdenbürgers ein Nußbaum gepflanzt, damit sich der junge Mensch, unterstützt von der Vitalkraft des Baums, in Gesundheit und Lebenskraft entfalten könne. Wahrscheinlich war auch der Gedanke der materiellen Vorsorge wichtig bei dieser Handlung. Bis der Säugling erwachsen war, hatte sich auch sein Nußbaum zu einem stattlichen Baum ausgewachsen, der fleißig Nüsse trug. Diese sind nahrhaft und schmackhaft, und man kann sie lange lagern. Gerade diese Eigenschaften machten sie besonders wertvoll. In den Zeiten ohne Tiefkühltruhe waren die haltbaren Nüsse im kargen Winter eine willkommene Nahrungsquelle. Ihr köstlicher Geschmack verfeinert auch heute noch Dutzende von Mehlspeisen. Die vielseitige Verwendbarkeit ließ wertvolles Nußöl, den Nußschnaps als Magenbitter und den Nußlikör entstehen. Zu guter Letzt schenkt uns der Baum das bereits selten gewordene, für Möbel sehr begehrte Nußholz.

Wirkung im Gemüt

Wenn Sie die Frucht des Baums, die Nuß, im Herbst sammeln, finden Sie unter der grünen, stark braun färbenden äußeren Schale eine ockerfarbene Frucht, hart wie unser Schädelknochen und von ähnlicher Form. Sprengen Sie diese Schale, kommen Sie zum Nußkern, zweiklappig, mit hügeligen Einkerbungen, von einer gelb-braunen Haut überzogen. Die Ähnlichkeit mit dem menschlichen Gehirn drängt sich geradezu auf. Nicht nur optisch besteht dieser Bezug. In der Umgangssprache verwenden wir für das Lösen schwieriger Denkprobleme den Ausdruck »Nüsse knacken«, eine schwierige Denkaufgabe ist eine »harte Nuß«. Die Ausstrahlung des Baums wirkt klärend auf ungeordnete Gedanken, läßt die angepeilten Ziele klar erkennen und bündelt die wirre Gedankenflut in zielorientierte Entschlußkraft. Wenn Sie mehr Willenskraft benötigen, um Ihre Vorstellungen entsprechend Ihren Fähigkeiten und Möglichkeiten in die Tat umzusetzen, bekommen Sie durch den Walnußbaum Unterstützung.

Stellen Sie sich die Eigenschaften des Elementes Wasser vor: immer zusammenfließen, eine gemeinsame Richtung finden, nach dem Motto »Gemeinsam sind wir stark«, dann wissen Sie, wieviel Stärke klare Gedanken besitzen. Es ist die gleiche durchdringende Kraft, die es auf der einen Seite dem Walnußkeim ermöglicht, die steinharte, hellbraune Schale aufzubrechen, und auf der anderen Seite der gestärkten menschlichen Gedankenklarheit, eine festgefahrene Situation zu durchschauen und die Basis für die Erfüllung der eigenen Wünsche zu schaffen. Dr. Bach fand im Walnußbaum diese Eigenschaften und empfahl *Walnut*, seine Walnuß-Essenz, in allen Situationen im Leben, die diese Zielorientiertheit verlangen. Dabei ist es bedeutungslos, ob es sich um den Zahn eines Säuglings handelt, der sich gerade durch das Zahnfleisch bohrt, oder um einen alten Menschen, der sich zu dem Entschluß durchringen möchte, nun doch in eine Wohnung im Seniorenheim umzuziehen.

Eine andere bekannte Eigenschaft des Baums ist der bereits oben erwähnte herbe Geruch seiner Blätter. Mit diesem hält er sich andere Pflanzen fern, um nicht durch ihren Einfluß von seiner Entwicklungsrichtung abgelenkt zu werden. Er wehrt so aber auch Insekten und Schädlinge ab, um gesund zu bleiben. Mit diesen Eigenschaften unterstützt der Baum das gesunde Abgrenzungsbemühen von Menschen, die entweder um ihre innere Stabilität bemüht sind oder aufgrund großer persönlicher Beeindruckbarkeit Schutz vor Einflüssen im sozialen Bereich benötigen.

Wirkung im Körper

In Kirchen wird Weihrauch verwendet, um bei größeren Menschenansammlungen einer Übertragung von Krankheiten vorzubeugen. In den Krankenstuben einfacher Leute verwendete man einst Walnußblätter zur Räucherung und Desinfektion. Wenn die Wasserorgane Niere und Blase im menschlichen Organismus schwach sind, hat der Körper wenig Qi, um gegen Krankheiten anzukämpfen. Viele Krankheiten schwächen das Nieren-Qi. Der positive Einfluß des Baums hilft dem Menschen, aus diesem Teufelskreis auszubrechen, sein Nieren-Qi wieder aufzuladen. Die Energie des Walnußbaums hat eine starke Wirkung, es möge sie niemand unterschätzen! Menschen, die unter Funktionsstörungen der Nieren wie z.B. Nierensteinen leiden, sollten die feinstoffliche Energie des Baums mit Vorsicht wählen. Was geschieht, wenn eine erkrankte Niere wieder zu Kräften kommt? Sie beginnt sich ihrer Krankheit, der Steine, zu entledigen, und zwar mit heftigen Krämpfen. Das wird aber den Menschen nicht glücklich machen, denn Nierenkoliken verursachen heftige Schmerzen. In solchen Fällen gilt es, die eigene Entscheidung gut abzuwägen.

Wirkung in der Jahreszeit

Wie bei den Zypressen verstärkt die Winterzeit das Wasser-Qi der Walnußbäume. Es ist aber günstiger, eine angenehme Jahreszeit für den Besuch auszuwählen, als den Nußbaum trotz Sturm und Kälte wegen seines intensivsten Wasser-Qi aufzusuchen.

Der alte Walnußbaum

Das Klima Südtirols meint es gut mit den Walnußbäumen. Der blaue Sommerhimmel überspannt die gletscherbedeckten Gipfel der Dreitausender und die mit üppiger Vegetation gesegneten Täler. Wer den Wanderweg geht und weiter über die Brücke des Wildbaches, sieht ihn schon von weitem: den ältesten Nußbaum des Tales. Aus der Nähe ist er mit einem einzigen Blick nicht mehr erfaßbar, mit den Armen nicht zu umfassen. Ein Baum, eine Welt für sich ... ein Himmel voll Äste, Zweige und Blätter. Zwischen den länglichen Blättern am Ende der Zweige schauen vereinzelt grüne Früchte hervor. Im Herbst werden sie aufspringen und die ockerbraunen Nüsse freigeben. Grau und runzlig ist die Haut des Nußbaums, wie die eines alten Elefanten. Meine Augen gleiten über den Stamm, dem die Zeit diese Mächtigkeit gegeben hat. Wie viele Jahresringe verbergen sich hinter dieser mächtigen Masse an lebendigem Holz?

Ich stehe auf dem Weg neben dem Baum. Ich bin neben ihm, und gleichzeitig bin ich unter ihm, unter seiner Krone. Ich bin auf ihm, auf seinen Wurzeln. Ich bin in ihm, in seinem Schatten, in seinem Geruch, in seiner Ausstrahlung. Mein Körper fühlt sich so klein an in seiner Gegenwart, meine Gestalt im Verhältnis zu seiner Größe, mein Alter im Verhältnis zu seinem ... Meine Hände brauchen ihn nicht zu berühren, um ihn zu spüren. Ich stehe ruhig und warte und öffne mich für seine Lebendigkeit. Es geschieht nichts. Ich nehme die Ruhe der Luft, die Stille des Blätterhimmels, den Druck an meinen Fußsohlen wahr. Ich lasse die Zeit vergehen und achte nicht darauf, wie sie vergeht. Irgendwann entsteht eine Schwingung, die sich durch meinen ganzen Körper hindurchbewegt. Ich spüre den vibrierenden Luftraum um mich herum. Ich möchte diesen Bewegungsimpulsen nachgeben. Leider geht das nicht. Die Menschen, die vorbeiwandern, würden neugierig stehenbleiben und mich stören. Ich löse jede Bewegung auf, indem ich das Untere Dantian immer wieder bewußt entspanne. Ich drehe mich um und wende dem Baum den Rücken zu und bitte meinen Mann, sich zu mir zu stellen und so zu tun, als würde er mit mir sprechen. Das sieht dann so aus, als würden wir einfach kurz stehenbleiben. Ich bin etwa einen Meter vom Stamm entfernt. Ich spüre, wie es mich deutlich zum Stamm hinzieht, das Gefühl geht vom Rücken aus und verstärkt sich langsam in der Nierengegend. Ich habe die Augen offen, aber mein Blick ist nach innen gerichtet. Es entsteht der Eindruck, als würde jemand weit unter der Haut, in meinem Körper, meine Nieren massieren. Ich kann mich leider nicht an den Baum lehnen und den Schwingungen nachgeben. Unsere Bekannte kommt auf mich zu und fragt, ob mir nicht gut sei. »Doch«, sage ich, »ich unterhalte mich nur ein wenig mit dem Baum.« Dann kommen Wanderer vorbei, und es ist auch für mich Zeit weiterzuziehen.

SCHLUSSBEMERKUNG

Vielleicht haben Sie die Erlebnisberichte angeregt, das nächste Mal, wenn Sie sich in der Natur aufhalten, auch einen Baum aufzusuchen. Dabei werden Sie eine Menge Bäume entdecken, die keinem Element zugeordnet sind, und Sie werden sich fragen: »Kann ich mit diesen auch Baum-Qi-Gong machen? Welche Wirkung werden sie auf mich haben?« Sie treffen auf Eichen, Ahornbäume oder Eschen und wissen, daß diese Bäume im Kult- und Brauchtum z.B. der Kelten und Germanen eine große Rolle gespielt haben. Weshalb bleiben diese bei den Fünf Elementen unberücksichtigt? Wenn Sie Bäume aufsuchen, die ein bestimmtes Element besonders ausgeprägt leben – wie die den Fünf Elementen zugeordneten Bäume –, finden Sie auf feinstofflicher Ebene eine Ergänzung, eine Korrektur Ihres momentanen nicht harmonischen Qi-Zustandes in diesem speziellen Bereich. Diese Bäume unterstützen Geist und Seele in ihrem Wunsch, sich wieder zur Harmonie der Fünf Elemente hin zu entwickeln.

Bäume wie die Eiche, der Ahorn, die Esche oder die Linde haben kein bestimmtes Element so stark entwickelt, daß sie als Ergänzung oder Auffrischung eines dieser Fünf Elemente herangezogen werden können. Sie vertreten vielmehr die Gruppe der Bäume, die ein breites Spektrum aller Elemente in sich vereinigen. Sie besitzen ebenso feinstoffliche Kräfte, die unserer Gesundheit dienen, nur wirken in ihnen diese Kräfte wie Musik in einem großen Orchester. Offenbar war dies auch den Kelten bewußt, als sie die Esche als Weltenbaum erkoren, oder den Germanen, welche die Eiche zu ihrem Richtbaum erwählten. Wenn Sie diese Bäume zu einer Begegnung auf feinstofflicher Ebene nutzen, gewinnen Sie von deren weltumspannender, harmonischer Schwingung, und die Bäume gewinnen durch Ihre Zuwendung. Ähnlich hat wohl der Dichter Rainer Maria Rilke empfunden, als er diese Zeilen schrieb:

»Durch alle Wesen reicht der eine Baum:
Weltinnenraum.
Die Vögel fliegen still
durch uns hindurch.
O, der ich wachsen will,
ich seh hinaus,
und in mir wächst der Baum.«[12]

ANHANG

Verbindung mit den Energien des Universums aufnehmen

Bewegungsreihe mit Meister Chen Shi Hong

Das Qi der Bäume haben Sie in Ihren entspannten Körper einfließen und seine Wirkung tun lassen, ohne selbst durch Bewegung nachzuhelfen. Möchten Sie nun Ihr persönliches Qi mit dem universellen Qi des Himmels, der Erde, der Himmelsrichtungen verbinden, Ihren Organismus und Ihren Geist in Harmonie zu der Jahreszeit bringen? Hierzu ist der Bewegungszyklus *Taiji Qi Gong – die Dreizehn Formen* hervorragend geeignet (siehe Abb. 49-64). Die Geschichte dieser Dreizehn Formen geht bis in das Ching-Kaiserreich zurück. Entwickelt hat sie der Taiji- und Qi-Gong-Meister Li Ru Tong aus der chinesischen Provinz He Pai. Meister Chen Shi Hong, der mir diese Dreizehn Formen beibrachte, lernte sie wiederum von seinem berühmten Meister Chen Xiao Wang, dem 19. Nachfolger des Chen-Stils Taiji Quan.

Meister Chen Shi Hong teilte mir schriftlich folgendes über diese Übungen mit: »Wer regelmäßig übt, erhält seine Gesundheit oder verbessert sie. Das ist die Hauptwirkung der Dreizehn Formen. Man muß sich mit der Grundtheorie und dem Trainingsprinzip des Qi Gong befassen, dann kann man auch allein üben, ohne Schaden zu nehmen. Durch Ausdauer kann man Vitalität aufbauen, ruhiger schlafen, den Appetit anregen und den Kreislauf verbessern. Die Formen sind leicht zu erlernen. Geübt werden sie hauptsächlich im Stehen. Man kann sie aber auch – je nach körperlicher Verfassung – im Sitzen oder Liegen trainieren. Kranke Menschen sollten am besten im Sitzen üben. Führen Sie jede Bewegung mit der gleichen Anzahl von Atemzügen aus. Wenn Sie die erste Bewegung drei Atemzüge lang halten, dann halten Sie alle weiteren auch drei Atemzüge lang. Wenn Sie die erste Bewegung fünf oder sechs oder ein vielfaches von Atemzügen lang halten, dann halten Sie alle weiteren Bewegungen genauso lange. Beim Stillstehen ist die Aufmerksamkeit beim Atem. Wer schon länger Qi Gong geübt hat, kann in der bewegungslosen Haltung viele Atemzüge lang ausharren. Wenn Sie von einer Form in die andere wechseln, ändert sich sowohl der Qi-Fluß im Körper als auch der Qi-Fluß im Bezug zu Himmel, Erde und den Himmelsrichtungen. Da sich Stillstehen und Bewegung abwechseln, sind die Übungen nicht anstrengend. Der Körper bleibt enspannt und locker. Eine zufriedene, heitere Stimmung unterstützt die Zirkulation des Qi im Körper.«

Einen idealen Ort für die Dreizehn Formen finden Sie auf einem Hügel, von dem aus Sie weit ins Land blicken können, an einem Strand, auch an einem Seeufer ... überall, wo die Gegend sich öffnet und das Auge weit über den Horizont streichen kann. Ein stiller Raum mit einem weit geöffneten Fenster kann eine Landschaft ersetzen. Diese Plätze versprechen einen ruhigen und harmonischen Qi-Strom. An engen, verwinkelten Orten überlagern unter Umständen lokale Qi-Strömungen das universelle Qi. Wenn Sie die Himmelsrichtungen nicht nach dem Stand der Sonne feststellen können, hilft Ihnen ein Kompaß weiter. Ihr Rücken sollte im Idealfall dem Norden zugewandt sein, das Gesicht dem Süden. (So sind die Nieren dem ihnen zugeordneten Norden und das Herz ist dem ihm zugeordneten Süden zugewandt.) Vermeiden Sie es aber, unter allen Umständen diese Ausrichtung beizubehalten. Es ist ungünstig, sich bei starker Mittagssonne direkt der Sonne zuzuwenden oder bei Sonnenaufgang nach Osten zu schauen. Das starke Yang der Mittagssonne und die raschen Veränderungen bei Sonnenaufgang sind für eine Harmonisierung des Qi nicht geeignet.

Taiji Qi Gong – die Dreizehn Formen

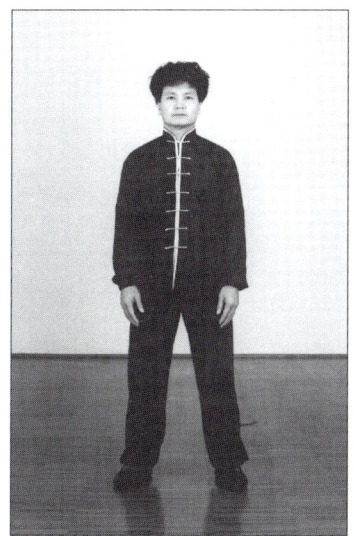

Abb. 49: Grundhaltung – Augen blicken nach Süden, der Rücken (Nieren) ist nach Norden gewendet

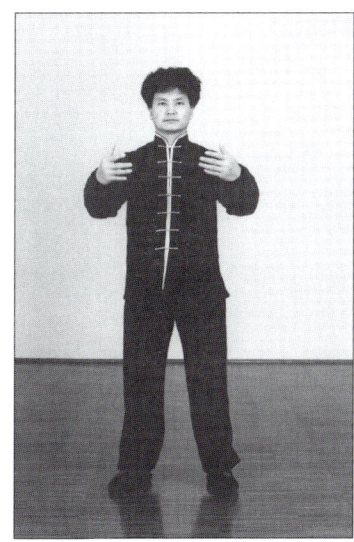

Abb. 50: Erste Form – Hände bilden mit Mittlerem Dantian großen Qi-Kreis

Abb. 51: Das Becken soll bei allen Bewegungen entspannt bleiben (Wenn Sie allein üben und dies selbst kontrollieren wollen, lassen Sie in dieser Haltung Ihre Knie schlottern. Je leichter Ihnen das gelingt, desto entspannter ist Ihr Becken.)

Abb. 52: Zweite Form – Hände nehmen durch die Finger Kontakt auf mit dem Qi des Himmels

 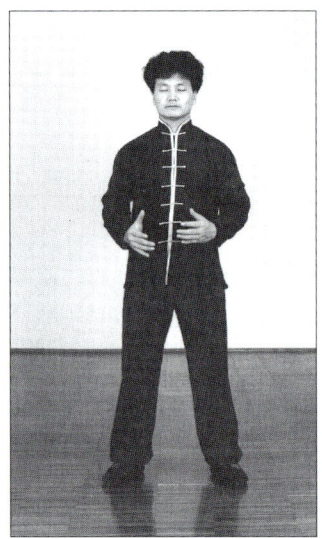  

Abb. 53: Dritte Form –
Handflächen nach Süden
wenden

Abb. 54: Vierte Form –
Hände bilden mit Unterem
Dantian großen Qi-Kreis

Abb. 55: Fünfte Form –
Hände verbinden sich mit
dem Qi der Erde

Abb. 56: Sechste Form –
Hände tragen Sonne, Mond und
alle Gestirne

Abb. 57: Siebte Form –
Hände nach Westen und Osten
öffnen

Abb. 58: Achte Form –
Linke Hand berührt den
Himmel, rechte Hand nimmt
Kontakt mit der Erde auf

Abb. 59: Neunte Form –
Rechte Hand berührt den
Himmel, linke Hand nimmt
Kontakt mit der Erde auf

Abb. 60: Zehnte Form –
Hände umschließen das
Obere Dantian

 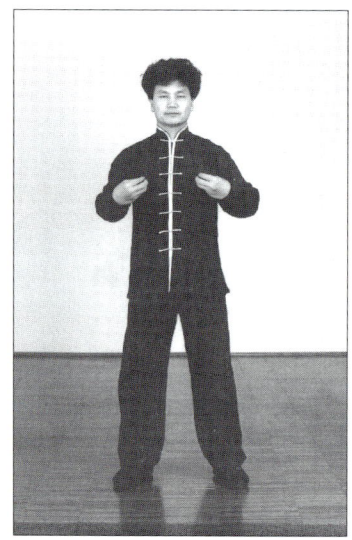  

Abb. 61: Elfte Form –
Hände in Höhe des
Oberen Dantian öffnen

Abb. 62: Zwölfte Form –
Finger zu Mittlerem Dantian
hin konzentriert

Abb. 63: Dreizehnte Form –
Sammlung des Qi im Unteren
Dantian. Hände tragen
großen Qi-Ball

Abb. 64: Abschluß der Bewegungs-
reihe – Arme senken, mit linkem
Fuß schließen